Ruth Beckermann

Jenseits des Krieges

Ruth Beckermann

JENSEITS DES KRIEGES

Ehemalige Wehrmachtssoldaten erinnern sich

Mit einem Vorwort von Robert Menasse
Mit Bildern von Peter Roehsler

DÖCKER VERLAG

Druck gefördert durch das
Bundesministerium für Wissenschaft und Verkehr
und die Abteilung für Stadtentwicklung und Stadtplanung,
Gruppe Wissenschaft, der Stadt Wien

Die Deutsche Bibliothek – CIP Einheitsaufnahme

Beckermann, Ruth
Jenseits des Krieges: Ehemalige Wehrmachtssoldaten erinnern sich/
Ruth Beckermann. Bilder von Peter Roehsler. –
Wien: Döcker, 1998
ISBN 3-85115-255-7

Umschlaggestaltung: Peter Putz/Rainer Wölzl
Kerngestaltung: Peter Putz/Markus Zahradnik
Photo der jungen Frau: ©Hamburger Institut für Sozialforschung

ISBN 3-85115-255-7
©1998 Döcker Verlag GmbH & Co KG
A-1030 Wien, Hintzerstr.11
Alle Rechte vorbehalten
Druck: Grasl Druck & Neue Medien, Bad Vöslau

Inhalt

Das Photo der jungen Frau

„Die jüdische Bevölkerung vor Ihrer Erschießung, Lubny, 16. Oktober 1941", sagt die Legende unter einer Photoserie in der Ausstellung über die Verbrechen der Wehrmacht.

Frauen, Männer und Kinder, die gedrängt beisammen stehen und warten. Ein Photo und auf diesem Photo eine Person, ein Gesicht, ein Blick sticht heraus, zieht mich bei jedem Vorübergehen an, erwartet schließlich meinen täglichen Besuch. Der Blick der jungen Frau, die inmitten der Männer, Frauen und Kinder steht und wartet und noch nicht weiß, daß sie an jenem 16. Oktober 1941 auf ihre Erschießung wartet.

Die junge Frau schaut in die Kamera. Den Körper halb abgewandt, dreht sie den Kopf zur Kamera. Die Lippen geschlossen, die rechte Augenbraue fast bis zu der sorgfältig ondulierten Haarsträhne, die unter dem Kopftuch hervorschaut, gehoben.

Ein Blick aus den Augenwinkeln. Ein Blick tiefster Verachtung.

Die junge Frau trägt einen Pelz. Sie trägt einen Mantel aus geflecktem Fell – Ozelot? Webpelz? –, auffallend inmitten der dunklen Stoffe, in welche die Menschen um sie gehüllt sind. Ob der Mantel ihr gehört (er scheint zu passen), oder der Mutter, Tante, Großmutter? Sie sieht elegant aus. 'Aus gutem Haus'. Und sehr allein.

Der Himmel ist weiß. Es ist nicht zu erkennen, ob der Oktober 1941 in Lubny mild oder streng war. Ob die warmen Mäntel bereits gebraucht wurden oder für die ungewisse Zukunft vorsorglich angezogen worden waren. Oder ob die SS und die Soldaten gleich klar gemacht hatten, daß zumindest eine Nacht im Freien zu verbringen wäre.

Woran würde man denken, stände das Photo alleine, herausgelöst aus dem Kontext der Ausstellung? Eine Menschenmenge im Freien. Obdachlose nach einem Erdbeben, einem Brand? Doch da ist der Blick der jungen Frau. So blickt man nicht nach einer Naturkatastrophe. So blickt man auf einen Feind.

Der Blick. Acht der 25 Personen auf dem Bild schauen in Richtung der Kamera. Oder in Richtung der Wachen. Die Wächter sind außerhalb des Bildfeldes, hors champs. Steht dort eine Gruppe von Soldaten, von denen einer einen Schnappschuß macht? Oder ein einzelner Soldat mit seiner Kamera? Der vielleicht forsch aufforderte, doch mal herzugucken. Kuckuck.

Der Junge neben der jungen Frau (ihr Bruder?) reagiert mit Ignoranz. Er scheint bewußt damit beschäftigt zu sein, den Photographen keines Blicks zu würdigen. Der Mann hinter dem Jungen, der bärtige Mann mit der Pelzmütze auf dem Kopf, sieht aus, als würde er mühsam seinen Körper beherrschen, der wütend losschlagen will. Die junge Frau beherrscht sich nicht. Sie zeigt ihren Abscheu vor diesem Auge, das durch die Kamera blickt. Konzentriert in ihrem Blick, der in das bewaffnete Auge des Feindes zielt, sind Stolz und Verachtung – die Waffen der Ohnmächtigen.

Ich hatte vor, das Photo der jungen Frau an den Schluß des Films zu stellen. Nach zehn Sekunden Schwarzfilm sollte eine Minute lang dieses Photo zu sehen sein.

Es funktionierte nicht. Die junge Frau schien diesen alten Männern ausgeliefert. Zehn Sekunden Schwarzfilm genügen nicht, um die Toten vor den lebenden Gesichtern zu schützen.

Robert Menasse

Sterbensworte

Warum haben wir von den Verbrechen der Nationalsozialisten so klare Vorstellungen, obwohl doch über diese Zeit immer so beharrlich geschwiegen wurde? Und warum gibt es, trotz unseres grundsätzlich so unverbrüchlichen Wissens, immer wieder so großes Erstaunen und solch erbitterte Diskussionen, wenn neue Details bekannt werden? Und warum ändern diese, seit zumindest zwei Jahrzehnten regelmäßig so heftig ausbrechenden, Diskussionen nichts an unserem Eindruck, vor einer Mauer des Schweigens zu stehen?

Wer schwieg, tat es beredt, und diejenigen, die redeten, wollten schweigen können. Aus! Wollten sie sich drücken? War es das?

Ruth Beckermann läßt in ihrem Film „Jenseits des Krieges" Menschen reden. Es sind überwiegend ehemalige Wehrmachtssoldaten, die, bei der sogenannten 'Wehrmachtsausstellung' mit ihrer Vergangenheit konfrontiert, von damals erzählen. Es ist zunächst und vordergründig ein Film über das Reden, buchstäblich ein Anschauungs-Unterricht über das Erzählen. Aber die noch viel zu wenig gewürdigte Pointe des Films ist: Er führt zu einer Neubewertung des Schweigens.

Ich muß gestehen, daß mich die Erzählungen der alten Krieger, wenn man sie zum Reden bringen konnte, nie interessiert haben. Ich will das, was ich weiß, nicht in den Rang eines simplen Vorurteils erheben und nur noch selbstgerecht nicken, wenn die Verstockten sich entlarven und die Reumütigen sich verstricken. Genausowenig interessieren mich übrigens die Betroffenheitsdemonstrationen der Guten. Sollte sich der Common sense ändern, hätten es die Verstockten immer schon gewußt und ihre Treue würde ihnen wieder zur Ehre gereichen, die Geläuterten würden läuten wie ehedem und ihre tätige Reue zerfiele wieder in die Teile, aus denen sie besteht: zuerst Täter sein und dann bereuen.

Und die Guten, funktionieren sie nicht allzudeutlich so, wie diese moralisch integren Ehepartner, die man sofort verlassen sollte, denn –

wie Karl Kraus schrieb –: „So wie sie heute mir treu ist, ist sie schon morgen einem anderen treu."

Muß ich das mit immer neuen Details unterfüttert bekommen? Muß ich mir das immer wieder aufs Neue vorführen lassen? Muß ich das alles wissen? Kurz: Muß man alles wissen, um zu wissen? Muß man zum Beispiel wissen, daß die numerische Exzentrizität der Erdumlaufbahn um die Sonne 0,017 beträgt, um zu wissen, daß sich die Erde um die Sonne dreht? Und wenn diese Zahl strittig wäre, wenn konkurrierende Berechnungen ergäben, daß sie 'nur' 0,012 beträgt – was wissenschaftlich einen enormen Unterschied machte –, würde dies für uns etwas am Grundsätzlichen ändern? Nein.

Natürlich kann man naturwissenschaftliche und ideologische Weltbilder nicht gleichsetzen. Aber so weit trägt der Vergleich: Es geht zuallererst und letztlich um das Grundsätzliche, nicht um Details. Details sind nur solange sozial dynamisch und mächtig, solange sie allgemeinen Lebensgrundsätzen profund widersprechen und sie umstoßen können. Ist das nicht mehr der Fall, sind sie nur noch für Experten interessant, ein unendliches Feld der Fachwissenschaften. Kein Detail, keine individuelle Erfahrung kann heute das heliozentrische Weltbild mehr umstürzen. Deshalb weiß ein heutiger Experte tausendmal mehr als Galileo Galilei, während wir alle nur einen kleinen Bruchteil dessen wissen, was Galileos interessierte Zeitgenossen oder Nachfolger zu verstehen begannen. So und nicht anders funktioniert 'Akkumulation von Wissen': hat es sich durchgesetzt, sind wir auf höherem Niveau dümmer. Gut, wir alle können uns mit unserer wissenden Ignoranz oder unserem ignoranten Wissen täuschen, doch wenn alle sich täuschen, eine überwältigende oder überwältigte Mehrheit, dann ist das Detail für das gesellschaftliche Verhalten erst recht belanglos, wird vom Grundsätzlichen gleichsam weggeschnupft. Mir ist zum Beispiel nicht bekannt, daß – als Juden in die Lager abtransportiert wurden – Massen aufgestanden wären, die gesagt haben: „Wir haben einen jüdischen Nachbarn, Hausarzt, Anwalt, Bridgepartner, Oberkellner, Kinobilleteur, Wasauchimmer, und aufgrund unserer Erfahrungen mit diesen Einzelfällen können wir nicht verstehen, daß alle Juden jetzt ihrer Bürgerrechte beraubt, erniedrigt, deportiert und umgebracht werden." Aber das Gegenteil ist sehr wohl in zahllosen Fällen dokumentiert: Positive persönliche Erfahrungen mit einzelnen Juden konnten die grundsätzliche Verachtung gegenüber Juden und den grundsätzlichen Haß auf sie nicht aufheben. Steht das Grundsätzliche fest, ist der Einzelfall bloß ein Einzelfall, und man kann damit alles beweisen, bis auf eins: daß der Grundsatz falsch ist.

Das Zweite ist, wie wir mit unseren unumstößlichen Grundsätzen leben, leben können. Man hat bekanntlich mit dem ptolemäischen Weltbild leben können, obwohl dessen Verteidigung zahllose Leben gekostet hat. Aber heute ist klar, daß es sich besser lebt mit dem kopernikanischen, individuelle Sinneserfahrungen hin oder her. Wir steigen in Flugzeuge ein, mit oder ohne Flugangst.

Das ist der Unterschied zu unseren Grundsätzen in der Einschätzung der ganzen Nazi-Geschichte: Dieser Common sense ist zwar ebenfalls ein zivilisatorischer Fortschritt, aber – es lebt sich schlechter mit ihm. Er ist eine Bürde, mehr: Eine Wunde, die schon aufbricht, wenn wir sie nur betulich betrachten. Die ehemaligen Täter, die tatkräftigen Mitläufer und erst recht deren Nachkommen wissen, was sie heute zu sagen haben. Ist mehr zu erreichen? Ja. Mehr Details, viel, viel mehr, aber das ist dennoch immer viel weniger als das Ganze.

Man kann sie reden lassen. Und zeigen, daß wir nichts wissen, wenn wir nur das Grundsätzliche wissen, aber daß es doch genügt, wenn wir nur dies wissen. Ist ein Grundsatz durchgesetzt, kann jeder nur noch 'Ich' sagen, seine höchstpersönliche Erlösung im Lichte des allgemeinen Verdikts suchen. Ich habe alles gewußt, aber ich war zum Glück nicht verwickelt. Ich habe nichts gewußt, weil ich war in nichts verwickelt. Ich wiederum hasse die Vätergeneration (Grundsatz!), aber ich konnte meinem Vater verzeihen (Detail!). Dies alles zeigt: Die grundsätzliche Einschätzung dieser Geschichte ist heute Common sense. Man mag bezweifeln, daß er definitiv ist, aber jeder Versuch, Details und noch mehr Details zu verallgemeinern, führt immer nur zu folgender Manifestation: Es hat sich ein 'gesellschaftliches Wissen' darüber herausgebildet, welche Betroffenheitsadjektive eingeflochten, welche Distanzierungsfloskeln ausgestellt werden müssen, und mit jedem weiteren Wort zeigt sich nur unwillentlich und peinlich, wie Reste des Krieges immer noch in der Kriegsgeneration stecken, wie diese Geschichte in ihnen zuckt, kaum kontrollierbar hin und her zuckt zwischen dem, was sie damals glaubten, erlebten oder glauben erlebt zu haben und dem, was sie heute, im Frieden gealtert, glauben sagen zu müssen oder sagen, was wir ihnen glauben sollen. In Wirklichkeit wollen sie nur eines: daß diese Geschichte endlich ruht!

Wissend genickt. So sind sie. Keine Chance, wir sind wachsam. Aber – wenn diese Geschichte jetzt wirklich ruhte? Soll sie ruhen! Aus zwei Gründen: Nehmen wir an, daß die Geschichte sich wiederholen kann, und gehen wir davon aus, daß wir uns heute nicht mehr auf den netten Aperçu von Karl Marx wohlig verlassen wollen, daß die Tragödien sich als Farcen wiederholen – ist es dann nicht besser, die Geschichte ruht? Ist aber die Geschichte, von der wir reden, in ihrem verbrecherischen Charakter einzigartig und unvergleichlich – wozu dann selbst in Frage stellen, was wir glücklich durchgesetzt haben und sagen: Das Einzigartige ist gar nicht einzigartig, es kann sich jederzeit wiederholen?

Daß der Krieg, daß ihre Taten in den Tätern immer noch weiterleben, zeigt ja in erster Linie nicht, daß diese Menschen unverbesserlich sind, sondern daß unser grundsätzliches Verdikt stimmt, nämlich, daß dieser Krieg und diese Taten etwas so Ungeheuerliches waren, daß es jedes menschliche Fassungs- und Verarbeitungsvermögen übersteigt. Wie würden wir dastehen mit unserem Urteil über diese Geschichte, wenn die, die sie er- oder gelebt und sie letztlich gemacht haben, mehrheitlich glaubhaft vorführen könnten, daß sie sie 'bewältigt' haben und nun so darüber reden können wie ein Scheidungskind nach einer Psychoanalyse?

Ruth Beckermanns Film „Jenseits des Krieges" zeigt dies auf wunderbare Weise: daß das Reden dem Schweigen nichts mehr hinzufügt. Wir haben es immer schon gewußt, wir haben nur noch nicht gewußt, daß wir dies auch wußten: daß Reden und Schweigen eins sind. In diesem Film können wir es plötzlich sehen. Wir sehen diese Menschen, ihre Physiognomien, ihre Kleidung, ihre Gesten und: wir wissen alles. Wir sind nicht überrascht. Oder wir sind, zuhörend, überrascht von Details, die nicht ins Bild passen und uns dennoch nicht am Grundsätzlichen zweifeln lassen. Zum Beispiel, daß der zunächst so besonders grauenhaft wirkende Mann mit dem stutzerhaften Lodenmantel und dem lächerlichen Jägerhütchen, geradezu die Karikatur eines Blut- und Loden-Österreichers, plötzlich relativ vernünftig spricht, während der aufrechte Antifaschist, der von seinem monarchistischen Elternhaus nachhaltig gegen Hitler geimpft worden war, einen so radikal unsympathischen Eindruck macht. Aber dann sehen wir diesen kleinen Mann, der so gern loswerden möchte, daß er fast ein Widerstandskämpfer war, und daß er deshalb beinahe Schwierigkeiten bekommen hätte. Er habe nämlich einmal angemerkt, daß es ein Wahnsinn sei, die Kriegsgefangenen sofort zu erschießen – weil man sie in der Heimat als Arbeiter gut gebrauchen hätte können. Wie menschlich, Menschen lieber versklaven zu wollen, statt sie zu ermorden. Wenn er doch geschwiegen hätte. Oder jener Mann, der sich freiwillig zum Ausheben der Massengräber gemeldet hat, weil „dafür bekamen wir einen Schöpfer mehr Suppe". Er hat buchstäblich auf Leichenbergen überlebt. Ich will das nicht wissen – denn ich habe es gewußt. Es ist einer dieser Punkte, wo Vorurteil und begründetes Urteil kaum mehr auseinandergehalten werden können, weil sie sich berühren.

Wir, wir selbst haben im Hinblick auf diese Geschichte etwas zu 'verarbeiten'. Wir – ach, keine Verallgemeinerung mehr, ich will jetzt auch 'ich' sagen: Ich bin kein Opfer, kein Täter und auch nicht gut. Ich bin ein Nachfahre. Ich leide an dieser Geschichte, an meinem Haß und auch daran, daß dieser Haß so eigentümlich kalt ist. Und er ist kalt, weil er durch den Kopf geht, aber er tat sich dennoch schwer, wie jeder Affekt, sich mit einer Erkenntnis zu verbünden – zu der dieser Film jeden, der sehen kann, plötzlich zwingt: Ich, nein: Jetzt kann ich wieder 'wir' sagen, weil ich mich in diesem Punkt mit meiner Generation einig weiß, wir haben, nicht Opfer seiend, nicht Täter seiend, an dieser Geschichte leidend, etwas getan, das nun wir 'verarbeiten' müssen und auch können, es zur Kenntnis nehmen, begreifen, zur Grundlage für unser Weiterleben machen: Wir haben immer schon Schweigen und Reden gleichgesetzt. Wir haben, wenn geschwiegen wurde, das Schweigen kritisiert, weil es so beredt war, so verräterisch. Und kaum wurde geredet, haben wir das

Reden kritisiert, weil es so sprachlos war, voll von Verschweigen, so verräterisch. Wir haben es immer gleichbehandelt, es war für uns eins. Und dies müssen wir, sehend und hörend, heute zur Kenntnis nehmen: daß es eins geworden ist. Das heißt aber auch, daß wir – darüber räsonnierend, was wir gesehen und gehört haben – das immer wieder skandalisierte Schweigen neu bewerten müssen. Vielleicht war es kein Verschweigen, sondern ein Beschweigen. Wir sehen es und können es begreifen, wenn wir diesen Film sehen, diese Menschen mit ihrer entmenschten Geschichte, die nun auftreten wie Kunstfiguren, synthetische Stichwortbringer für unser Urteil.

Sie reden, und wir begreifen das Schweigen. Die Opfer haben geschwiegen, und die Täter haben geschwiegen. Wieso haben wir dennoch alles gewußt? Noch nie in der Geschichte hat sich durch so hartnäckiges Schweigen so viel unverbrüchliches Wissen akkumuliert. Wieso? Weil niemand, der geschwiegen hat, so getan hat, so tun konnte, als ob nichts gewesen wäre.

Ich kann mich nicht erinnern, jemals nicht gewußt zu haben. Wenn ich als Kind, als Jugendlicher, meine Großeltern väterlicherseits besuchte, wußte ich schon längst alles, nämlich nichts, nämlich das Grundsätzliche, genügend, aber nie genug, und ich fragte sie, wie es war, wie sie überlebt haben, Juden in Wien, und mein Großvater sah mich nur kurz an, und er schob seinen Stuhl ruckartig zurück, stellte ihn schräg, so daß er nicht mehr mich, der ich ihm gegenüber saß, vor Augen hatte, sondern die Großmutter, und er schlug seine Beine übereinander, tupfte sich mit der Serviette den Mund ab – kurz erwartete ich immer wieder, daß er sich die Augen trocknen würde –, und er sagte zu meiner Großmutter: „Übrigens, Dolly, weißt Du, wen ich gestern im Café Monopol getroffen habe – ?"

Er starb, und ich habe nie erfahren, was er erleben mußte. Aber ich hatte begriffen, warum ich es nicht wissen konnte. Denn ich habe es gewußt. Grundsätzlich.

Und meine Großmutter mütterlicherseits heiratete in zweiter Ehe einen Nazi. Ihr erster Mann, mein Großvater, war als „politisch Unzuverlässiger" ins Feuer geschickt worden. Und plötzlich dieser Nazi.

Wie hatte sie das tun können? Er kam aus derselben Gegend wie sie, sie kannten dieselben Menschen, interessierten sich für denselben Tratsch, waren süchtig nach Tanzen, sie ließen kein 'Feuerwehrfest' aus. Es war ein betulich-befreites Tanzen auf einem erloschenen Vulkan. War/ist er erloschen? Heute würde man sagen, sie lebten eine regionale Identität. Das war irgendwie klar, auch wenn ich an diesen Mann keine Fragen hatte. Nie hätte ich Opa zu ihm sagen können. Es genügte, ihn zu sehen. Zu sehen, wie er aß, zum Beispiel. Er liebte es, fett zu essen. Wie schmierig sein Ausdruck von Glück war, wenn das Fett ihm bei den Mundwinkeln herunterrann. Das ist überhaupt eine meiner bleibenden Kindheitserinnerungen: Dieses fettverschmierte Glück in den Gesichtern der Menschen, wenn sie aßen. Mehr hatte dieser Großmuttermann schon seinerzeit nicht vom Leben wollen, als ihm eine Wohnung versprochen wurde und das Ende der Arbeitslosigkeit. Dieses fette Grinsen war nicht nur Wollust wegen des endlich erreichten Überflusses, es war auch eine beharrliche Demonstration. Es sagte: Auch wir sind Opfer gewesen! Wir haben lange gehungert! Aber jetzt ist Schluß mit diesen finsteren Zeiten!

Wie ich seine Weinerlichkeit verachtet habe, wie groß meine Schadenfreude war, als der Krebs ihn auffraß. Wie hat er sich schuldig gemacht, was hat er getan? Ich wußte es nicht und weiß es nicht, es hat mich nicht interessiert, weil ich ohnehin alles gewußt habe. Er starb und wollte mir bei meinem letzten Besuch im Krankenhaus noch etwas sagen. Ich wollte es nicht hören. Ich wollte, daß er starb, und er sollte schweigen. Ich habe mich abgewendet. Jetzt sah ich 'ihn' in Ruth Beckermanns Film wieder, nämlich Männer wie ihn. Und was erzählt er?

Ich habe es gewußt. So habe ich es mir vorgestellt. Es ist vorbei. Ich bin hinausgegangen aus dem Krankensaal, und bald darauf kam meine Mutter heraus auf den Gang und sagte: „Onkel Franz ist gestorben". Menschen in Weiß liefen auf und ab. Weiß. Plötzlich war alles wie weiß getüncht. Das war's.

Wir sind im Schweigen aufgewachsen und haben doch immer alles gewußt. Was wir nicht gewußt haben, lernen wir erst jetzt: daß es an der Zeit ist zu begreifen, was wir als Kinder akzeptiert haben. Daß kein Wort mehr etwas ändert.

Für ein Kind, das eine Mauer sieht, ist es unerheblich, ob es erzählt bekommt, daß diese Mauer gestern oder vor Jahren errichtet worden ist. Oder ob es nichts erzählt bekommt und diese Mauer nur sieht.

Ich saß im Kino und sah. Sah Menschen reden. Und doch war, was ich sah, eine Mauer des Schweigens. Diese Mauer hat heute zahllose Graffitis.

Mehr war nicht zu machen. Das ist der Stand der Dinge.

Wir können froh sein.

Ein Gespräch zwischen
Ruth Beckermann und Constantin Wulff

Vom Mangel an Herzensbildung

Dein Film „Jenseits des Krieges" ist während der Ausstellung des Hamburger Instituts für Sozialforschung „VERNICHTUNGSKRIEG – Verbrechen der Wehrmacht 1941 bis 1944" im Herbst 1995 in Wien gedreht worden. Wie ist es dazu gekommen, die Besucher der Ausstellung vor Ort zu befragen?

Ich habe mich zehn Jahre lang in mehreren Filmen und Büchern mit jüdischer Geschichte in diesem Jahrhundert, besonders aber mit dem Schicksal der Juden und der politischen Feinde des Nationalsozialismus beschäftigt. Dabei fand ich es immer merkwürdiger, wie modisch es plötzlich wurde, sich mit der 'Opferseite' zu befassen, während wir über die 'Täterseite' oder 'Mitläuferseite' wenig erfuhren. Ich hatte also schon länger den Wunsch und die Neugier, über die 'andere Seite' zu arbeiten. Der Auslöser für den Film war dann die Ankündigung, daß die sogenannte 'Wehrmachtsausstellung' nach Wien kommen würde. Ich entschloß mich spontan, zu drehen; ohne Geld und auf Hi-8 Video. Glücklicherweise habe ich den Kameramann Peter Roehsler gefunden, der sich auf die Sache eingelassen hat.

Führt man sich Deine bisherige Filmographie vor Augen – von den Politdokumentationen der 70er Jahre über das Portrait des jüdischen Kommunisten Franz West „Wien Retour" bis zu Deinen sehr persönlichen Erkundungen jüdischer Geschichte „Die papierene Brücke" und „Nach Jerusalem" in den 80er Jahren –, dann fällt auf, daß „Jenseits des Krieges" einerseits Deine thematischen Interessen weiterführt, sich andererseits aber in der Wahl des Sujets und in der Arbeitsweise deutlich von den Vorgängerfilmen unterscheidet. Siehst Du diesen Film als eine Art Bruch in Deinem Filmschaffen?

Nein, ich sehe das nicht als Bruch. Ich bin in den 50er Jahren geboren und in einem Wien aufgewachsen, wo alles grau war. Die

Häuser und die Gesichter der Eltern meiner Schulkollegen. Ich war umgeben von Menschen, die gezeichnet waren vom Zusammenbruch, die starr waren vor Enttäuschung und Bitterkeit. Die lustigsten Leute waren damals die wenigen Juden, die es hierher verschlagen hatte und die wenigen „Politischen", die aus der Emigration zurückgekehrt waren. Ich mußte während der Arbeit an „Jenseits des Krieges" oft an einen Satz denken, den ich im Kommentartext zur „papierenen Brücke" sage: „Als Kind habe ich mich immer gefragt, was die Wiener von den Juden denken. Was die Juden von den Wienern denken, habe ich mir eigentlich nie überlegt." Heute lebe ich mit den Kindern dieser Elterngeneration, die so ganz anders sein wollten und soviel von ihren Eltern übernommen haben. Ich frage mich oft, warum sie sich nicht mit ihren Eltern auseinandersetzen und sie befragen, bevor sie sterben.

Die Entscheidung, den Film zu machen, ist spontan gefällt worden. Wie hast Du Dich konkret auf die Dreharbeiten vorbereitet? Gab es ein Drehkonzept?

Ich ging davon aus, daß ehemalige Wehrmachtssoldaten zur Ausstellung kommen würden. Ich hatte Bücher zum Thema gelesen, aber nicht den Anspruch, eine Militärfachfrau zu werden. Im Gegenteil. Auf die übliche Argumentation der ehemaligen Frontsoldaten, die sich hinter militärischer Genauigkeit zu verschanzen versuchen, wollte ich mich gar nicht einlassen.

Die Ausstellung war ein idealer Hintergrund für den Film, weil sie ein öffentlicher Ort war, an dem mittels Photos die Verbrechen der Wehrmacht dokumentiert wurden.

Was die Vorbereitung auf die Gesprächssituation betrifft: Es ist natürlich sehr schwierig, Menschen zu filmen, zu denen man Distanz halten möchte. Ob man will oder nicht, um Intensität zu erreichen, muß man in ein enges Verhältnis mit den Menschen vor der Kamera treten, wenn auch nur für kurze Zeit. Ich mußte mich also mit der Frage auseinandersetzen: Wie filme ich diese Menschen, ohne sie zu denunzieren und ohne eine ungewollte, verlogene Komplizenschaft mit ihnen einzugehen.

Der Film ist wesentlich auf Gespräche und Beobachtungen reduziert –
wie hat die Arbeit vor Ort ausgesehen? Und wie sind die Begegnungen
mit den Besuchern der Ausstellung verlaufen?

Wir haben insgesamt mehr als 200 Interviews geführt; zum
Schluß hatte ich 46 Stunden gefilmtes Material.

Nach den ersten Interviews merkte ich, daß ich ein Verhör veran-
stalte. Ich wurde sehr aggressiv, wenn meine Gesprächspartner
vom Thema 'Verbrechen der Wehrmacht' abwichen. Ich sah, daß
diese Arbeitsweise mich nur aufregte und nicht viel brachte. Ich
mußte innerlich sozusagen zwei Schritte zurücktreten. Wurde zur
Sache gesprochen, habe ich so wenig wie möglich interveniert.
Aber natürlich mußte ich viele Männer immer wieder zum Thema
zurückführen, wenn sie versuchten, von ihrem eigenen Opfertum,
vor allem von der Kriegsgefangenschaft, zu sprechen.

Es gab keine Vorgespäche mit den Interviewten, das heißt, ich
wußte vorher nie, wo jemand während des Krieges gewesen ist.
Wir sind einfach in der Ausstellung umhergegangen und haben
geschaut, wer vom Alter her paßt und ihn dann angesprochen.
War jemand nicht im Krieg, habe ich meist gleich abgebrochen.
Ab der dritten Woche (von insgesamt fünf Wochen in der Ausstellung) habe ich auch Interviews mit jüngeren Leuten, mit Frauen
und mit Soldaten auf alliierter Seite bzw. Emigranten geführt, um
das Spektrum zu erweitern. Je länger wir drehten, desto spannen-
der wurde dieser Ausstellungsort, wo sich wie in einem Wasser-
tropfen die ganze Welt zu versammeln schien.

Oft hatte ich historische Ölbilder vor Augen, riesige Schlachten-
gemälde, wo sich schreckliche Szenen, verteilt über ein immenses
Gebiet, das mit Krieg überzogen wurde, ereignen. Der Film mußte
eine ähnliche Qualität bekommen, eine Weite, welche die geographischen Dimensionen spürbar werden läßt.

Worauf der Film insistiert, ist die eigene Anschauung der ehemaligen
Frontsoldaten: daß nicht ausweichend und verklärend gesprochen wird,
sondern über Dinge, die selbst erlebt wurden.

Ja. Und mehr. Sie sollten nicht über den Krieg sprechen, sondern über ihre Erfahrungen und Erlebnisse jenseits des Krieges. Das heißt, darüber, was jenseits der 'normalen' Kriegshandlungen geschehen ist. Für diese Generation wurde der Satz „Krieg ist Krieg und Krieg ist schrecklich" zu einer Formel, die sie ständig wiederholt. Aber wie wir wissen, war der Krieg an der Ostfront ein anderer als an der Westfront. Genau das zeigt die Ausstellung. Sie zeigt die Verbrechen, an denen die Wehrmacht in Osteuropa beteiligt war. Darüber sollten sie sprechen. Nicht darüber, wie sie im Graben gelegen sind und gelitten haben oder was sie in der Kriegsgefangenschaft erlebt haben. Auch das sind ernstzunehmende Themen. Mir ging es jedoch darum zu erfahren, was diese Männer zur Vernichtung der Slawen und Juden beigetragen haben bzw. was sie gesehen und gehört haben. Denn Krieg ist eben nicht Krieg. Auch Krieg ist eine gesellschaftliche Situation, in der von der Gesellschaft bestimmt wird, was erlaubt ist und was nicht.
Es ist erstaunlich, wie leicht es scheinbar ist, die meisten Menschen zum Sprechen zu bringen und was im bloßen Erzählenlassen zutage tritt: durch die Wortwahl, den Gesichtsausdruck, die Gestik des Sprechenden. Oft hat man den Eindruck, daß dies fünfzig Jahre lang nicht geschehen ist.
Es ging mir darum, die Art und Weise zu zeigen, in der über das Gesehenhaben und Nichtgesehenhaben erzählt wird. Nur der Film hat die Möglichkeit, all diese Nuancen in Mimik und Tonfall auch zu zeigen, die auf Halbwahrheiten, Verdrängungen und Lügen hinweisen. Übrigens habe ich natürlich oft daran gedacht, daß es diese Menschen waren, die nach dem Krieg das Land wieder aufgebaut und gestaltet haben. Die grauen Menschen meiner Kindheit eben. Mich hat die Entrüstung über die Ausstellung sehr erstaunt. Denn man hat das alles ja gewußt. Wie hätte die Vernichtung so vieler Menschen funktionieren sollen, wäre die Wehrmacht 'sauber' geblieben. Gerade, weil alle Institutionen der Gesellschaft und damit die große Mehrheit der Deutschen und Österreicher in irgendeiner Weise an der Durchführung der Verbrechen beteiligt

war, gibt es den offenen und latenten Revisionismus, der alles leugnet. Darum befinden wir uns in der perversen Situation, jeden kleinen Soldaten, der sagt „Ich habe es gesehen, es stimmt, es hat stattgefunden" als Zeugen gegen den Revisionismus aufrufen und festhalten zu müssen. Wenn diese ehemaligen Soldaten sagen „Ja, die Wehrmacht war an den Verbrechen beteiligt", dann machen sie sichtbar, daß Millionen Menschen davon zumindest gewußt haben.

Wo siehst Du den wesentlichen Unterschied zwischen den Intentionen der Ausstellung und denen Deines Films?

Die Ausstellung dokumentiert historisch die Verbrechen der Wehrmacht an der Ostfront und in Jugoslawien. Der Film nimmt die Ausstellung zum Anlaß, um die Konfrontation der Besucher mit Tausenden Photos zu zeigen, auf denen Soldaten in Wehrmachtsuniform zu sehen sind, die lachend neben erhängten Partisanen posieren oder Juden die Bärte abschneiden. Ich benutze die Erregung, in der sich die Besucher befinden. Und ich bediene ihr Bedürfnis zu sprechen. Ich habe gesehen, welche Überwindung es für manche Besucher bedeutete, in die Ausstellung hineinzugehen. Manche sind lange vor dem Eingang auf und ab gegangen, bevor sie sich hineingewagt haben; manche dagegen sind öfter gekommen. Für manche war es sehr anziehend, dort hinzugehen. Man spürte, daß der Reiz des Verbotenen erhalten geblieben ist. Manche Männer gingen da hin wie in eine Peep Show. Und dazu kam noch die Angst/Lust, zu schauen, ob sie sich selbst oder einen Freund auf einem der Photos erkennen würden. Im Gegensatz zur Ausstellung handelt der Film nicht unbedingt von der Kriegszeit, obwohl er das natürlich explizit tut. Implizit geht es doch viel eher um die Verfassung und das Bewußtsein der Menschen, die dieses Land in den letzten fünfzig Jahren gestaltet haben. Die man nach Kriegsende zwar medizinisch versorgt, aber sonst nur oberflächlich umerzogen und politisch umworben hat. Sie kamen zurück und haben brav gearbeitet und Familien gegründet. Ich frage mich, was sie eigentlich ihren Kindern mitgegeben haben.

Im Film findet eine Frau dafür einen schönen Ausdruck, wenn sie in diesem Zusammenhang von „Herzensbildung" spricht. Der Mangel an Herzensbildung wird noch über Generationen spürbar bleiben.

Hat sich mit der Arbeit an dem Film Deine Perspektive auf die Beteiligten des Krieges und der Verbrechen an der Ostfront verändert?

Es klingt so banal, aber ich habe in diesen fünf Wochen sehr viel über die menschliche Natur und Struktur gelernt. Jeder neue Mensch war eine Überraschung. Zum Beispiel dieser nicht besonders sympathische Mann mit Lodenmantel und Trachtenhut, der sich als entrüsteter Antinazi entpuppt. Ich habe auch gelernt, wieviel Spielraum es in einer so restriktiven Organisation wie der Wehrmacht doch für den Einzelnen gegeben hat. Nur Freiwillige wurden für Erschießungen eingesetzt, usw.

Was mir auch aufgefallen ist – und mich in Zusammenhang mit der „Goldhagen-Debatte" bzw. der Frage, warum es die Deutschen waren, beschäftigte –, ist dieser Mangel an Empathie, an der Fähigkeit, sich in den anderen hineinzuversetzen. Es gibt nur wenige Menschen, die sich fragen, wie es eigentlich damals den Polen, den Russen und den Juden ergangen ist. Kaum einer schafft den Sprung. Waldheim hat diesen Mangel an Herzensbildung ja perfekt vorgeführt.

Die Auswahl der Personen, die im Film zu Wort kommen, wird davon bestimmt, wer in die Ausstellung gekommen ist. Nach welchen Kriterien ist die Auswahl für den Film geschehen und nach welchen Gesichtspunkten ist die Montage des Films erfolgt?

Im großen und ganzen stimmt die Auswahl, die für den Film getroffen wurde, mit der Struktur der Ausstellungsbesucher überein. Allerdings gab es, prozentuell gesehen, mehr solche, die gesagt haben, sie hätten von nichts gewußt, als jetzt im Film vorkommen. Es schien mir doch zu redundant, immer wieder den gleichen sattsam bekannten Typus vorzuführen.

Das Erstaunliche an dem Film war für mich, wie häufig die Perspektive gewechselt wird, wie sehr man sich immer wieder auf neue Erzählungen einstellen muß und wie sehr alles mit allem zusammenhängt.

Mich interessieren am Dokumentarfilm, aber auch bei meinen
Essays, nur offene Konzepte. In diesem Fall handelt es sich einerseits um größte Einschränkung: An einem einzigen Ort drehen,
keine Photos zur Illustration, keine Kommentare oder Zwischen-
texte. Andererseits aber um die Offenheit, sich den Besuchern, die
ihrerseits das Gespräch wünschen, zu stellen. Unter den Tausenden
Besuchern der Ausstellung diejenigen auszuwählen, die mich aus
irgendeinem Grund interessierten und dann in der Montage
nochmal die 38 interessantesten Gesprächspartner zu wählen.
Der Film-Portraitist Georg Stefan Troller nannte mir einmal als
Kriterium für die Auswahl seiner Personen ihre sexuelle Ausstrahl-
ung. Am interessantesten und präsentesten seien die Menschen,
bei denen ihre Bisexualität spürbar sei. Das werde bei Filmstars
wie James Dean oder Marlene Dietrich besonders erkennbar, die
das Uneindeutige verkörperten und deshalb Männer wie Frauen
anzögen. Robert Kramer hat einmal gesagt: „Warum filmen wir
eigentlich unsere Feinde? Was interessiert uns daran?
Wahrscheinlich, was in uns selber ist." Das macht auch eine Form
der Erotik aus: Die Konfrontation mit dem anderen und der Reiz,
sich zu fragen, wie man selbst in seiner Position reagiert hätte.
Gab es, angesichts der vielen unterschiedlichen Äußerungen, den
Wunsch, stärker ins Material einzugreifen, mittels eines Kommentars
oder eines drastischen Schnitts zu widersprechen und direkter Deine
Sicht zum Ausdruck zu bringen?
Während der Montage stellte sich heraus, daß die Stärke des
Films in seiner Rauheit liegt. Wir haben die Ästhetik, die durch
die Neonbeleuchtung des Raumes und die Photos im Hintergrund
gegeben war, noch betont. Natürlich hatte ich immer wieder
Ideen, wie ich in den Film mehr eingreifen könnte; es fällt ja
nicht leicht, sich als Autorin so zurückzunehmen. Eine Zeitlang
wollte ich mit Texten arbeiten, die verschiedene Wortfetzen aus
den Gesprächen aufnehmen und noch einmal graphisch umsetzen.
Es gab auch die Idee, an den Anfang des Films einen Rolltext zu
setzen, in dem mit den Wörtern 'wissen' und 'nicht-wissen'

gespielt wird. Fast bis zur Fertigstellung des Films hatte ich vor, am Ende des Films, als Epilog, ein einziges Photo aus der Ausstellung zu zeigen: Das Photo einer jungen Frau, die direkt in die Kamera ihrer Verfolger blickt. Die Mischung aus Angst, Stolz und Verachtung in ihrem Blick hat mich besonders beeindruckt. Aber wir merkten, daß das Photo ganz verloren wäre in diesem Film und wir ihm unrecht täten, wenn wir es hinten dranklebten. In der Endfassung sind jetzt sogar die Anfangs-und Schlußtitel auf das erste und das letzte Bild gelegt, um vom ersten bis zum letzten Moment die Einheit des Raumes zu wahren.

Es gibt in dem Film keine zentralen Protagonisten: Du hast bewußt keine einzelnen Figuren hervorgehoben, sondern läßt den Film als polyphone Erzählung wirken. Steckt dahinter die Idee, daß Du eine Art kollektives Bewußtsein sprechen lassen wolltest?

Die Konzeption, an einem öffentlichen Ort zu drehen, war bereits eine Entscheidung gegen Einzelportraits. Die einzig mögliche Form dieses Films ist für mich die einer Serie von Berichten, eine Folge von Auftritten und Abtritten. Eine Anhörung.

Es gab einige ehemalige Soldaten, die uns in ihre Wohnungen einluden, um dort Photos anzusehen und weiterzureden. Ich habe diese Privatheit abgelehnt. Mir ging es um den öffentlichen Raum, in dem auch Interaktionen möglich waren.

Um einem Begreifen des Nationalsozialismus näher zu kommen, halte ich die Erforschung des Zusammenpralls oder Zusammenspiels von System und Individuum, die Durchdringung von Öffentlichkeit und Privatheit, für besonders aufschlußreich. Nie zuvor haben Menschen ein System erfunden, das den Gebrauch des Menschen ins Extrem getrieben hat. Ein System, das auf raffinierte Weise mit Zwang und Freiheit spielte. Es haben sich zwar alle gesunden heterosexuellen Arier innerhalb des Systems befunden, der individuelle Spielraum war jedoch größer, als diejenigen, die heute immer betonen, man wäre bei Fehlverhalten sofort an die Wand gestellt worden, wahrhaben wollen. Sie betonen den Zwang und den Terror, weil sie auch

24

rückblickend keine Verantwortung für ihr eigenes Verhalten übernehmen wollen.

Der Film bewegt sich in einer sehr schönen Klammer zwischen dem ersten und dem letzten Bild. Zu Beginn sieht man zwei ehemalige Soldaten in einem Gespräch um das Thema „sehen und nicht-sehen" kreisen. Das letzte Bild zeigt eine ähnliche Gesprächssituation, wieder zwei ehemalige Soldaten, ihr Konflikt ist diesmal schärfer und diesmal geht es um „wahrnehmen und nicht-wahrnehmen" bzw. „erinnern und verdrängen", also um die beiden thematischen Pole des Films.

Einige meiner Freunde, deren Väter selbst bei der Wehrmacht waren, hätten gerne den Mann, der sagt, er schäme sich bis heute für die Verbrechen der Wehrmacht, als letzten Protago-nisten gesehen. Ein hoffnungsvolles Ende. Diesen Wunsch nach Versöhnung mit den Vätern konnte ich ihnen leider nicht erfül-len. Ich entschied mich für eine Schlußszene, welche die Kon-frontation zweier unversöhnlicher Positionen zeigt, die in ihrer Beharrlichkeit und ihrer Unfähigkeit zu kommunizieren, bereits grotesk wirkt. Sie treibt noch einmal das Thema des Films auf die Spitze, das der kleine Mann, der immer wieder weinen muß, so schön formuliert: „Sie haben es gesehen, aber sie haben es anders gesehen als ich, sie haben es nicht gesehen." Und darum geht es: um die Frage, warum hat er gesehen, daß am Bahnhof verschlossene Waggons stehen, aus denen alle zwei Tage tote Russen rausgeworfen werden? Warum haben es seine Kameraden nicht gesehen? Ich glaube ihnen, daß sie es damals schon nicht gesehen haben und nicht etwa später verdrängten. Sie waren eben mit anderen Dingen beschäftigt, sie fanden es mehr oder weniger normal, wie man diese Menschen behandelt. Sie haben gesehen, daß Menschen in Waggons gesperrt werden, sie haben es jedoch nicht wahrgenommen.

Constantin Wulff ist Filmpublizist und lebt in Wien.
Das Gespräch fand im September 1996 in Wien statt.

Ehemalige Wehrmachtssoldaten erinnern sich*

Habe ich nicht gesehen

(1): Es war ein Angriffskrieg. Wir sind ja nicht geholt worden. Wir sind doch dort hingegangen und haben das Land überfallen. Daß die Bevölkerung gejubelt hat, ist klar.

(2): So, wie die Deutschen zu uns gekommen sind. Denn sie sind ja als Befreier gekommen.

(1): Naja, das ist etwas anderes, es war ja kein Krieg.

(2): Da sagt man aber heute auch, wir sind überfallen worden.

(1): Das war ja kein Krieg. Wissen Sie, die Situation war ja damals ganz anders. Sie müssen es ja wissen, Arbeitslosigkeit, Not ...

(2): Das war die Sache, das ist ausschlaggebend gewesen.

(1): Das war ausschlaggebend. Aber ich habe es selber erlebt in Rußland, wie sie einzelne Gefangene ... Sie haben sie nicht zurücktransportiert, sie haben sie gleich an Ort und Stelle erschossen. Ich habe es gesehen: nicht SS –, Wehrmacht!

(2): Habe ich nicht gesehen.

*Bei diesem Text handelt es sich um ein Transkript aus dem Film „Jenseits des Krieges".
Veränderungen wurden nur zur Erleichterung des Verständnisses vorgenommen.

Einzelfälle

Wieso haben Sie das gesehen?

(1): Wie?

Sind Sie nicht viel zu jung?

(1): Nein! Ich bin ein 23er Jahrgang.

Ach so. Und was haben Sie gesehen?

(1): Naja, es wurden ein, zwei russische Gefangene gebracht.
Und sie nach hinten zu transportieren, das war zu aufwendig, da
hat man sie gleich an Ort und Stelle erschossen. Einzelne, wissen
Sie. Wenn mehrere gefangen wurden, da konnten sie das nicht ...
Aber bei einzelnen hat es das gegeben.

Und wo war das?

(1): In Rußland.

Wo genau?

(1): Wie soll ich sagen, bei Minsk oben.

(2): Darf ich Sie bitten, ein bißchen zur Seite ...

(1): Oh Entschuldigung ...
Ja, leider. Aber nicht in Überzahl. Es hat so ... so Übergriffe hat
es gegeben. Und diese Kommandeure, die sich an den Tagesbefehl
gehalten haben, der von Hitler gekommen ist, die haben das ein-
gehalten und rigoros gehandelt. Da hat es natürlich auch
Anständige gegeben, die das nicht gemacht haben. Wer kann das
kontrollieren, nicht? Leider ... Ich empfinde das gar nicht so, ...
wie sie es im Fernsehen gesagt haben, daß hier die gesamte

Wehrmacht verurteilt wird, das ist ja nicht so, nur einzelne ...

(2): Ich habe auch sowas erlebt.

(1): Sie auch?

(2): Ich war bei der 2. Panzerdivision.

(1): Und ich war bei der 11.

(2): Es war im Mai '40, der Frankreichfeldzug, die Erstürmung von Boulogne am Meer. Es war in der Nacht, und da hat sich einer herübergeschlichen, ein Engländer, und hat sich verirrt im Hafengebiet. Und anstatt, daß sie ihn geschnappt und nach hinten geführt hätten, hat ihn einer erschossen. Er hat gesagt, das ist mir zu mühselig ...

(1): Zu mühselig!

(2): ... daß man den nach hinten ... Ich erschieße ihn. Peng, weg war er. Aber das waren Einzelfälle, natürlich.

(1): Einzelfälle.

(2): Ja, aber es war vorhanden.

(Mann kommt von hinten dazu.)

(3): Empfinden Sie das als Einzelfälle hier? Die Massenerschießungen?

(2): Nein, das nicht. Das, was ich erlebt habe ...

(3): Ach so, was Sie erlebt haben ...

(2): Das war ein Einzelfall.

(3): Ich war nämlich auch bei der Wehrmacht und weiß, wie es dort zugegangen ist.

(2): Ich habe Glück gehabt, das war der einzige Fall, daß mir so etwas untergekommen ist.

Präventivkrieg oder Vernichtungskrieg

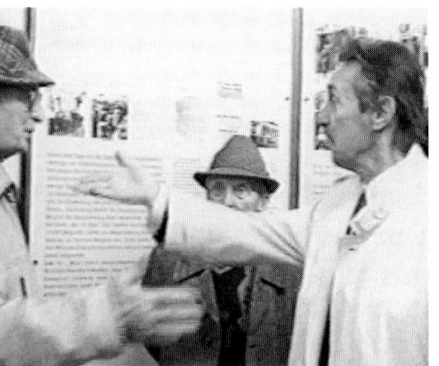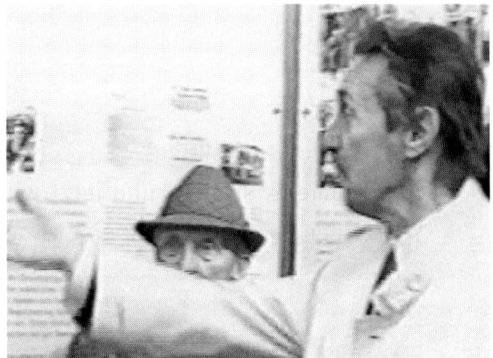

(1): ... und die Leute, die eigenen Kameraden hatten ausgestochene Augen und abgeschnittene Geschlechtsteile ... So hat das nämlich angefangen in Rußland ... die Repressalien. Ist das in Ordnung? Das hier ist ja nur einseitig ...

(2): Was war vorher? Der Einmarsch, war der in Ordnung? Und diese Hinrichtungen ...

(1): Moment, ich rede von Rußland.

(2): ... in Rußland sind sie einmarschiert, ohne daß eine Kriegserklärung stattgefunden hat.

(1): Na, passen Sie auf, ich sage Ihnen einmal ...

(Ein heftiger Wortwechsel entsteht.)

(2): Ein Pakt war vorhanden. Sie brauchen da nichts beschönigen.

(1): Welcher Jahrgang sind Sie?

(2): 25er. Ich war mit dabei, bei dem Sauhaufen, bei dem dreckigen.

(1): Am Anfang, am Anfang sind Sie gekommen?

(2): Natürlich.

(1): Aha. Und da sind Sie auch mit der Absicht gekommen ...

(2): Warum verteidigen Sie heute so eine Schweinerei ...

(1): Aber, die Einseitigkeit ... die Einseitigkeit ...

(2): Das ist keine Einseitigkeit, wenn Sie sich das durchlesen und ansehen. Und wenn Sie das heute noch unterstützen, sind Sie eh ein Verbrecher gewesen.

(1): Ach so, ja?

(3): Schauen Sie, ich war ja auch in Rußland. Es war ... wir haben ... Damals habe ich als junger Mensch auch nicht gesehen, was sich da getan hat. Aber: Vom heutigen Standpunkt aus war der Krieg ein Angriffskrieg von seiten Hitlers.

(2): Vernichtungskrieg!

(1): Moment, stimmt, und jetzt will ich Ihnen etwas sagen, als Wissender, ja. Ich kannte einen Generalstabsoffizier, der den Angriffsplan gegen Rußland mitgemacht ... also mitausgearbeitet hat. Mit dem bin ich in Rußland gewesen, der war mein Vorgesetzter. Der hat uns erklärt, wie es dazu gekommen ist. Das sieht ganz anders aus: Er sagt, die Abwehr hat festgestellt, daß im Westen von Rußland, also in der Gegend ... Auf einmal sind dort Dutzende Angriffsdivisionen aufgetaucht usw.

(2): Wieso? ... Die deutsche Wehrmacht ...

(1): Es war meines Erachtens ein Präventivkrieg, und alles andere ist nicht wahr.

(2): Das ist eine nachträgliche Erklärung. Die Sowjetunion war doch damals überrascht.

(3): Die sind in der Unterhose davongerannt ...

(1): Aber die Angriffsdivisionen waren da. Die waren ja da. Was glauben Sie, wenn Hitler nach England gegangen wäre – bitte, ich will den Krieg nicht verteidigen –, ich bin für Objektivität ... Bitte, ich weiß, daß es Übergriffe gegeben hat, aber angefangen hat es mit den fürchterlichen Greueltaten, die die deutsche Wehrmacht in Rußland erleben mußte. Sie waren entsetzlich ...

(2): (laut, heftig) Was hat die Wehrmacht in Rußland gesucht?

(1): Bitte?

(2): Was haben Sie als Soldat in Rußland gesucht?

(3): Sie hatten dort nichts verloren ...

(2): Sind Sie einem Befehl nachgegangen? Wer sich einem Befehl ...

(1): Was glauben Sie ...

(2): ... dem Befehl nachgegangen oder aus Überzeugung?

(1): Natürlich auf Befehl ...

(2): Nicht aus Überzeugung?

(1): Da müßte ich lügen. Am Anfang war es Überzeugung, aber später ...

(2): Und wie sehen Sie jetzt die Befehle?

(1): Als Deutschland gesiegt hat, haben ja alle Hurra geschrien ...

(2): Und wie sehen Sie jetzt die Befehle, die Sie dort erhalten haben?

(1): Ich möchte heute nicht zu denen gehören, die sagen, es hätte keine Nazis gegeben, denn die Volksabstimmung in Österreich ist mit 99,9 Prozent ausgegangen – die war nicht einmal geschoben, die war echt.

... Im Laufe der Zeit hat sich dann entwickelt, daß sie gesehen haben, was da gespielt wird. Und wenn sie das Glück haben – ich habe das Glück gehabt –, daß ich nie in Einheiten war, die, sagen wir, verstrickt waren in Exekutionen usw. ... Die Wehrmacht hat sich schuldig gemacht, weil sie die Überstellungsbefehle ... z.B. die Juden, abgeliefert hat zum Abtransport.

(2): Aber der Kommissarbefehl ...

(1): ... der Kommissarbefehl, der ist ja nicht bis nach unten durchgegangen. Der Kommissarbefehl war etwas anderes ...

(2): Ja, es wurde mündlich weitergegeben, das können Sie ja hier nachlesen.

(1): Ja, aber er ist nicht durchgeführt worden im großen ...

(2): Oh! Oh!

(1): Nein, der Kommissarbefehl ist ...

(3): Wissen Sie, was ich nicht verstehe? Als Deutschland Polen
nicht den Krieg erklärt hat ... wie es geheißen hat, ab 5 h 45
wird zurückgeschossen – oder was weiß ich, 4 h 45, ist ja egal –

(1): Lesen Sie einmal die Literatur, nicht die deutsche Literatur.

(2): Na, das ist doch ...

(1): ... was da vorher für Verbrechen an der deutschen
Bevölkerung in Polen geschehen sind.

Nichts gewußt

Was haben Sie erlebt?

    (1): Ich war bei der Luftwaffe. Gott sei Dank, denn ich habe
mich an keinerlei Verbrechen beteiligt und niemand meiner
Staffelangehörigen, wie wir gesagt haben. Ich bin im Jänner '40
eingerückt und wurde in Rußland eingesetzt – in Norwegen und
Finnland –, immer bei der Luftwaffe. Dann war ich in Ungarn
beim Rückmarsch, beim Rückzug dabei. Und zuletzt in Österreich.

Sind Sie Österreicher?

    (1): Ja.

Haben Sie damals von dem gewußt, was wir hier sehen?

    (1): Nein. Nicht das mindeste. Nicht das mindeste. Auch wenn es
nicht glaubwürdig klingt, aber es ist Tatsache. Es ist Faktum. Ich
habe nichts gewußt. Vielleicht auch deswegen, weil ich ja nicht
in diesen Einheiten ... beschäftigt, also eingezogen war,

sondern, wie gesagt, in der Luftwaffe. Und da ist mir nicht der geringste Tatbestand bekannt geworden, daß irgendwelche Verbrechen von unserem Truppenteil begangen worden wären. Wir haben als Soldaten gekämpft auf Befehl, aber wir haben keinerlei Verbrechen ... Kriegsverbrechen begangen.

Wann haben Sie davon erfahren?

(1): Von Kriegsverbrechen? Eigentlich jetzt erst, durch diese Ausstellung. Denn es war ja – wahrscheinlich aufgrund des Allgemeinwissens –, daß die Wehrmacht sozusagen sauber war. Und daher war es für mich an sich eine Neuigkeit. Weil ich ja

nichts erlebt habe – dergleichen. Bin erschüttert über das, was ich da sehe. Wirklich wahr.

Und Krieg ist immer fürchterlich. Es sind auch von der Feindseite sicherlich viele Verbrechen begangen worden. Ich erinnere nur an Dresden, das wäre auch nicht notwendig gewesen oder glauben Sie, in Bosnien geht es anders zu? Aber ich war, bin von dem ...

(2): Wenn die Deutschen nicht den Krieg begonnen hätten, hätten die anderen Dresden nicht bombardiert.

(1): Mmh?

(2): Wenn die Deutschen den Krieg nicht begonnen hätten, hätten sie Dresden nie bombardiert.

(1): Sicherlich. Sicherlich ja, ja. Aber ich habe den Krieg nicht begonnen.

(2): Na, daß die Luftwaffe gar keine Kriegsverbrechen begangen hat?!

... Ich war sieben Jahre Soldat.

(1): Ich war in Rußland.

(2): Na eben ... Wie Sie eingesetzt worden sind als Infanterist auch nicht?

(1): Ich war nicht in der Infanterie.

(2): Ja, aber dann, als ihr keine Flugzeuge mehr gehabt habt.

(1): Ich war bis zuletzt bei der fliegerischen Einheit.

Was tun Sie mithören?

Wieder zwanzig erschossen

Entschuldigen Sie, darf ich Sie was fragen? Sie sind hergekommen, um sich die Ausstellung anzusehen. Warum schauen Sie sich so etwas eigentlich an?

(lächelt) Um das wiederzusehen, was ich selbst erlebt habe. Es stimmt hundertprozentig.

Haben Sie etwas gesehen, wo Sie dabei waren?

(sehr entschieden) Ja, natürlich. Ich war bei einer Luftwaffen-Felddivision. Wenn man einen Ort erobert hat, wurden Freiwillige gesucht – ich hab' mich nicht dazu gemeldet –, und die sind dann stolzgeschwellt zurückgekommen: „Jetzt haben wir wieder zwanzig erschossen". Sie haben sich richtig gefreut darüber. Das war die typische Mentalität des deutschen Soldaten.

Waren das viele, die sich da gemeldet haben, zur Erschiessung von Juden?

Nein, es wurde immer nur eine gewisse Anzahl gebraucht. „Wir

brauchen zwanzig Leute" – es hätten auch hundert sein können,
denn die Leute waren da, aber es haben sich immer dieselben
hemdsärmeligen Typen gemeldet, die den Söldner abgegeben
haben.

Wo war das?

Das war in Pinsk, in Polen. Dort sind auch am Marktplatz die
Galgen mit den aufgehängten Leuten gestanden.

Ich war einmal in einer Kirche drinnen. Alle haben mich glutvoll
angestarrt, die Einheimischen. Als wäre ich der letzte Dreck.
Irgendwie haben sie nicht Unrecht gehabt.

Russisches Spital angezündet

Und am ärmsten waren ja die jüdischen Siedlungen. Die Juden
haben ja geglaubt, die Deutschen werden sie human behandeln
und dann ... Sie haben sie sogar begrüßt, d.h. einige antisowjetisch eingestellte Juden haben die Deutschen irgendwie begrüßt,
und dann sind sie abgewiesen worden, und dann waren die
Hinrichtungen und die Vertreibungen.

Und wo haben Sie das gesehen?

Das war, als wir in der Ukraine waren. Da waren diese
Begrüßungen und dann die Hinrichtungen. Ganze Siedlungen,
jüdische Dörfer, da sind alle liquidiert worden, und dort wurden
dann Russen oder Ukrainer angesiedelt.

Wie ist das abgelaufen mit der Liquidierung der Juden?

Bitte, ich war selbst nicht dabei. Die Bevölkerung mußte sich melden, und es ist ... Wir sind ja nur durchgekommen – ich war bei der Feldtruppe –, wir sind ja nur durchgezogen. Die Feldtruppe hat das natürlich nicht gemacht, sondern die rückwärtigen Truppen. Die haben die Leute ... Es war angeschlagen, die Leute müssen sich melden.

Das haben Sie gesehen? Diese Anschläge?

Ja, die haben wir gesehen. Es hat da geheißen: „Die Juden werden alle erschossen." Und man hat es dann erlebt. Die Gräber hat man gesehen, die zugeschütteten. Zum Beispiel ist mir in Erinnerung geblieben, am Rückzug, da sind wir über den Dnjepr gekommen, da war in einer Ortschaft, ich weiß den Namen nicht mehr – mir ist schon alles entfallen –, so eine Art Spital, ein russisches. Da war so ein großer Holzbau, und daneben waren überall kleinere Pavillons, und da waren die Kranken drinnen: die Infektionskranken in den kleineren Hütten und die normalen Kranken in dem großen Spital. Als wir zurückgeflutet sind – gelaufen besser gesagt –, hat das gebrannt. Der Troß, der rückwärtige, hat das einfach angezündet, mit den Menschen drinnen. Und die Schreie hat man noch gehört. Die Soldaten waren entrüstet darüber. Das muß ich schon sagen. Die Infanteristen haben gesagt: „Das ist eine Gemeinheit. Das ist ein Verbrechen." Auf der anderen Seite sind Gefangene von ihren eigenen Soldaten erschossen worden. Ich selbst habe den Befehl nie gehört. Also bitte, aber es hat Soldaten gegeben, die auf eigene Faust einfach Gefangene erschossen haben, und die sind deswegen auch nicht gemahnt oder bestraft worden. Ich war also Sanitätsunteroffizier, und ich habe gesagt: „Wenn einer einen Gefangenen erschießt, den laß' ich liegen, wenn er verwundet wird, den behandle ich nicht." Das hat irgendwie gewirkt. Dann gibt es noch einen alten Soldatenaberglauben, daß der Soldat, der Gefangene erschießt, am nächsten Tag fallen wird. Und da war ein Nürnberger – ich weiß den Namen nicht mehr –, der hat immer die Gefangenen erschossen und eines

Tages ist er wirklich am nächsten Tag gefallen. Und die jungen Soldaten, die haben sich das irgendwie zu Herzen genommen – muß ich ehrlich sagen. Sie haben das auch nicht mehr gemacht. Solange ich dort war, ist das nicht gemacht worden.

Gefangene erschossen

Das habe ich im Polenfeldzug erlebt. Und zwar ... Ich bin einge-rückt im April '39, und am 1. September '39 sind wir schon in Polen einmarschiert. Ich war bei einer Flugmeldeeinheit. Wir hat-ten nicht viel mit den Kämpfen zu tun. Wir waren hinter der Front und sollten feindliche polnische Maschinen, die nach Deutschland eingeflogen wären, melden. Aber es war nichts zu tun, denn die Polen ... Die Maschinen wurden ja schon am ersten Tag am Boden vernichtet. Ich war damals im Südabschnitt, Krakau, Retschew, Jaroslaw. Ich weiß nicht mehr, wo es war. Wir sind in einem Dorf gelegen mit unserer Flugmeldestation, und da ist dann am Abend ein Unteroffizier gekommen und hat gesagt, wer freiwillig mitgeht. Es revoltieren polnische Gefangene. Wer geht mit? Da gibt es ein Eisernes Kreuz usw. Und ich habe gesagt: „Ich gehe nicht mit." Aber es haben sich ... einer hat sich gemeldet, das war auch ein Österreicher und dann noch jemand, ich weiß nicht mehr ... Den Österreicher könnte ich sogar namentlich nennen, der war aus Vösendorf, war so alt wie ich. Der Unteroffizier war ein ziemlicher Rowdy. Er war sehr bekannt als Scharfer, schon bei der Ausbildung usw. Ein Bayer, Kern hat er geheißen. Den Namen werde ich nie vergessen. Und da sind die rein in die Schule, wo die Gefangenen waren, und er hat mit ihnen aufgeräumt, sozusagen. Er wollte ... Es war eigentlich ... Was sie getan haben, weiß ich nicht. Es ist keiner ausgebrochen, nichts, er hat die Leute zu erschießen begonnen. Er hat begonnen, die Gefangenen zu erschießen. Da waren auch Deutschpolen aus Posen dabei. Damals war ja ein Teil von Oberschlesien bei Polen. Die mußten bei der polnischen Armee dienen. Da waren Leute, die haben sich niedergekniet, hat man mir dann erzählt ... „Mein Vater ist ein Deutscher, meine Mutter" ... Die sind auch alle erschossen worden. Am nächsten Tag – es waren vielleicht 30 Polen, die sie dort erschossen haben – haben sie Juden geholt, zum Eingraben. Die mußten Gräber schaufeln. Da war ein junger Jude dabei, 20 Jahre, der hat einem einen Faustschlag ins Gesicht gegeben. Und daraufhin hat er ihn gleich mit dem Gewehr erschlagen, eine über'n Kopf ... gleich das Gehirn ausgetreten ... Die Juden mußten die Gräber ausgraben, und sie haben die Polen reingeschmissen. Zum Schluß wurden die Juden auch erschossen, wurden auch dazugeschmissen, dann ist das zugeschüttet worden, eine kleine Erdschicht darüber, und am nächsten Tag sind polnische ... jüdische Frauen gekommen, Mütter und Frauen, die haben die wieder ausgegraben, zur Beerdigung. Das war dann alles.

Wo war das genau?

Ich kann's nicht sagen. Es war im Südabschnitt. Ich habe keine Notiz darüber gemacht. Mir hat es nach dem Krieg sehr leid getan, daß ich das damals nicht getan habe. Die hätte man zur Verantwortung ziehen können. Aber ich ... der Ort ... Es war ein kleines Dorf mit einer Schule. Und wir sind am Rande gelegen.

Und was ist aus diesem Kern später geworden?

(bitter) Na, der ist zurückgekommen und zum Feldwebel befördert worden. Das Eiserne Kreuz hat er gekriegt, 2. Klasse, und die, die beteiligt waren, auch.

Transporte begleitet

Da habe ich erlebt, wenn ich Ihnen das erzählen soll, die
Kriegsgefangenentransporte. Mir ist jetzt auch die Stadt eingefal-
len. Und zwar bekamen wir von dem Landesschützenbataillon den
Auftrag – wir waren im rückwärtigen Gebiet –, russische
Kriegsgefangenentransporte mit ca. 5.000 Gefangenen, das waren
damals die großen Schlachten, bei denen Hunderttausende
Russen gefangen genommen worden sind, von Slonim – wir waren
damals in den ehemals polnischen Kasernen stationiert – nach
Baranowitschi zu begleiten. Das war ein Marsch von ca. vier bis
fünf Stunden. Neben den Gefangenen stand auf jeder Seite im
Abstand von 50 Metern jeweils ein Soldat mit entsichertem
Gewehr. Der mußte mitgehen, und wir hatten den Befehl, wenn
russische Kriegsgefangene versuchen, aus der Reihe auszutreten,
wie hier berichtet wird, oder zu fliehen, sofort zu schießen. Wir
waren eine österreichische Kompanie. Weder hinter mir noch vor
mir waren Schüsse zu hören. Was auf der anderen Seite war, kann
ich nicht genau sagen, aber ich habe keine Schüsse gehört ... Es
sind einzelne junge Kriegsgefangene ausgebrochen und in den
Wald gelaufen. Wir haben nicht geschossen. Aber was ich dann
erfahren habe, war: Die Russen trugen natürlich Verwundete und
Kranke mit, und manche waren in einem sehr schlechten Zustand.
Wenn ein russischer Kriegsgefangener liegengeblieben ist, so war
rückwärts ein Erschießungskommando, das zusammengesetzt war

aus SS-Soldaten und auch Wehrmachtsangehörigen, die den Befehl hatten, diese Gefangenen zu erschießen. Wir haben zweimal solche Transporte begleitet. Bei uns ist nie etwas passiert, außer daß der eine oder andere Gefangene ausgebrochen ist. Beim dritten Transport haben wir erfahren, was rückwärts geschah, und wir hatten die Befürchtung, daß das noch ärger wird, auch für uns.

(lächelt) Zwei Kameraden von mir und auch ich sind dann, als der Befehl kam „Antreten für Kriegsgefangenentransport", aus dem Fenster der Kaserne gesprungen und im Kasernengelände verschwunden. Wir haben diesen dritten Transport nicht mitgemacht, weil wir nicht wollten. Der eine war ein Wiener Markthelfer und der andere ein Freund von mir – dürfte schon verstorben sein – namens Popelka. Wir haben den dritten Kriegsgefangenentransport nicht mitgemacht, weil wir nicht wollten.

Mehr Suppe

Das habe ich nicht erlebt, direkt, diese Erschießungen. Aufgehängte habe ich gesehen. Das war beim Winterrückzug, als wir durch diese Orte zurück mußten. Aber so, daß sie direkt erschossen worden ... Ja, das ist vorgekommen während der Kämpfe, wenn es drunter und drüber gegangen ist, daß sie ein paar Russen, die die Arme gehoben haben, auch über den Haufen geschossen haben. Da hätte ich mir bald einmal den Mund verbrannt, als ich sagte, das ist ja sinnlos, diese Leute zu erschiessen, das sind junge, kräftige Männer. In der Heimat müssen Frauen, Kinder und Greise schwer schuften, und da tut man die besten Arbeitskräfte umbringen. Das ist mir übel genommen worden. Aber es hat keine weiteren Folgen gehabt. Aber ich war ja eigentlich immer im Graben, nicht? Und da hat man mit Zivilisten eigentlich nichts zu tun gehabt. Als ich dann in Gefangenschaft war, habe ich dann gesehen ... da haben wir müssen exhumieren. In Dünaburg, in dem Lager, wo während des Krieges die Russen als Gefangene waren, waren wir drinnen, als deutsche Kriegsgefangene. (lacht) Und da hat's geheißen, es sollen sich welche melden, es wird exhumiert. Man hat sich immer zu solchen Kommandos gemeldet, weil man da einen Schöpfer Suppe mehr gekriegt hat. Na, da bin ich mitgegangen und habe auch ausgegraben. Und da waren Uniformierte und Zivilisten drinnen, in diesen Gräbern. Und da haben sie gesagt – das war am Stadtrand von Dünaburg – es werden ca. 1.000 drinnen sein. Ja.

Es war schon der jüdische Bolschewismus

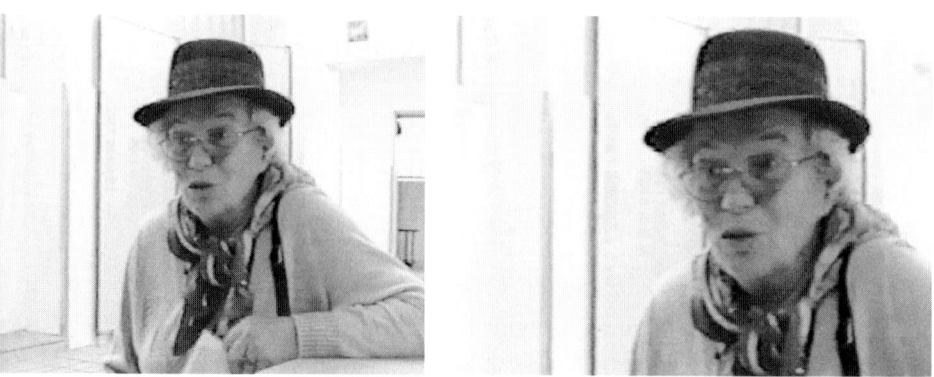

Was soll ich Ihnen sagen. Wir haben es anders gesehen, als es da dargestellt wird, und ich muß sagen, es erschüttert einen schon, daß ... nur der Deutsche sowas gemacht hat? Wo sollen wir hin? Es stimmt nicht in der Welt. Wir haben eine idealistische Einstellung vermittelt bekommen und ... einer für den anderen da zu sein. Ich kann ... ich war in der Mädelführung tätig. Wir sehen das heute mit anderen Augen, trotz allem. Wenn ich das so sagen darf.

Wie sah diese idealistische Einstellung aus?

Ja, wenn ... idealistische Einstellung ..., wenn jemand in Not war, so wurde dem geholfen ... Das war ... Wer hilft heute mit viel Geld dem Nächsten? Niemand. Und damals hat man von 30 Mark ... 15 ohne weiteres hergegeben, wenn ein anderer ... ohne ... Und eine Einstellung zur Familie hat man mitbekommen, denn sonst hätte man ... diese ganze Zeit nicht so durchgemacht und durcherlebt. Wenn Sie mir ... es war kein ... also ich lese da allerhand von (schaut auf ihre Notizen) ... der „Krieg gegen die Rasse", also das ... Nach meinem Dafürhalten, bitte, muß ich sagen, war es eigentlich ein ... nicht ein Krieg gegen eine Rasse, es war der Krieg gegen eine Ideologie, möchte ich sagen.

Gegen welche?

(entschieden) Nach dem Osten. Schauen Sie, da war der Bolschewismus. Wir wissen heute, von Amerikanern und Engländern, daß historisch, daß, daß ... man ja dort nur zuvorgekommen ist. Der Deutsche ist denen zuvorgekommen ... Es ist schrecklich genug, wenn man da ... die Leichen und alles sieht, aber ...

Aber wenn man die Dokumente so liest, steht schon immer drauf: „Der jüdische Bolschewismus" ...

Naja, es war ja auch, bitteschön, es war, bitteschön, vom Lenin weiß ich es nicht, aber der Trotzki und die ganzen ... das war schon der jüdische Bolschewismus. So ...

Das stimmt, daß Trotzki Jude war.

Ja, und wie schrecklich der zu Tode gekommen ist, das wissen wir auch alle, nicht? Also es hat immer fürchterliche Charaktere gegeben, die sich auch für sowas hergegeben haben. Wenn ich an den Eispickel denke, durch Jahrzehnte hat mich das in meiner ... in meiner Entwicklung ... habe ich mir gedacht, na sowas, da gehen die ... schicken die einen aus und ... es ist ...

(resignierend) Naja, was soll ich Ihnen sagen, also wir ... sind schon durch diese Zeit geprägt worden, aber nicht so schlecht.

Sie sehen, ich bin 50 Jahre bald verheiratet, habe vier Kinder, alle haben sich ordentlich über die Bühne gebracht, haben eine ordentliche Einstellung, das kommt ja auch von irgendwo her. Und heute rennen sie in ... Es ist überhaupt keine Einstellung zu einer Familie mehr da und die wurde uns vermittelt, das muß ich ... das muß ich sagen.

Genau informiert

Waren Sie auch Soldat?
(lacht) Ungern.
Wo waren Sie denn?
Hauptsächlich im Spital, nach Möglichkeit. Ich war ein absoluter Anti-Nazi. Ich habe die Rekrutenzeit in Frankreich verbracht, dann bin ich nach Italien versetzt worden und habe Gott sei Dank nie ein Gewehr in Händen gehabt. Und bin dann durch einen Trick in ein österreichisches Lazarett gekommen. Dort habe ich mich dann bis '45 herumgedrückt.
Wie ist Ihnen das gelungen?
Naja, es hat zwei Jahre gedauert. Mein Vater war begeisterter Monarchist, und ich wurde in diesem Sinn erzogen. Ich war absolut gegen Hitler eingestellt.
Und wann haben Sie von diesen Dingen zum ersten Mal gehört, die man hier sieht, Verbrechen gegen Zivilisten, gegen die Juden usw.?
Ich habe seit dem Jahre '39 Auslandssender gehört. Ich habe im

Jahre '39 einen polnischen Sender gehört, durch Zufall, dann London. Das war eine gefährliche Sache. Ich war beim Militär und war Funker. Ich habe London abgehört und bin eingeschlafen. Dann kam der Offizier und hat gemerkt, daß ich Ausland höre. Doch es ist mir Gott sei Dank nichts passiert.

Und Sie haben auch geglaubt, was Sie da gehört haben? Denn viele wollten es ja nicht glauben, glauben es bis heute nicht.

Unbelehrbare Leute. Das ist ohne Zweifel. Ich war genau informiert. Natürlich war Propaganda auch dabei, aber ...

Dann haben sie es zu machen

Die Wehrmacht stand auch im Dienste dieser Vernichtungspolitik, die ja nichts mit Angriffen oder Partisanen zu tun hatte; es ging um Frauen und Kinder und alte Männer ...

(1): Sehen Sie, das waren alles Subalterne, was sollten die machen. Wenn die den Befehl bekamen, daß sie das zu machen haben, dann haben sie es zu machen. Die wußten es ja nicht, das weitere Schicksal, die meisten haben es ja nicht gewußt.

Wir wissen von Italien, daß die Soldaten gemeint haben, das gehört nicht zu ihren Aufgaben, und daß sie solche Dinge nicht gemacht haben, etwa in Kroatien.

(1): In Kroatien?

Wo italienische Soldaten waren, hat es nicht funktioniert, die Befehle wurden nicht ausgeführt, weil die Soldaten gesagt haben, das ist mit ihrer Soldatenehre nicht zu vereinbaren. Wie sind diese Verbrechen mit der Ehre der Soldaten zu vereinbaren?

> **(1):** Wir sind nicht vor dieses Problem gestellt worden. Von mir hat nie jemand verlangt, daß ich Frauen oder Kinder erschießen soll. Das hat niemand von mir verlangt.

Auch nicht, daß Sie Leute registrieren sollen?

> **(1):** Na, dazu hätten wir Zeit gehabt! (lacht) Da haben wir wirklich anderes zu tun gehabt.

Es gab also nichts, von dem sie heute sagen, daß es für sie, für einen Soldaten, für eine reguläre Armee, nicht in Ordnung war?

> **(1):** Für eine reguläre Armee ... das war in Ordnung, was wir gemacht haben.

Alles?

> **(1):** Alles.

In der ganzen Armee? Oder gab es auch Truppenteile ...

> **(1):** Ja, bitte, es gibt natürlich in jeder Armee Teile, die man mit gutem Gewissen nicht vertreten kann, das gebe ich ohne weiteres zu. Das gibt es in jeder Armee, das hat es nicht nur in der deutschen Armee gegeben ...

Aber es hat auch bisher noch keine Armee so viele Menschen umgebracht.

> **(1):** Naja, es ist in der Geschichte auch noch nie so viel darüber geschrieben worden wie jetzt. Wie wollen Sie sagen, daß noch keine Armee so viele Menschen umgebracht hat? Haben Sie den 30jährigen Krieg verfolgt? Haben Sie gesehen, was damals aufgeführt worden ist? Haben Sie das verfolgt, haben Sie es studiert, was da gemacht wurde?

Wenn Sie vergleichen, wieviele deutsche Kriegsgefangene gestorben sind und wieviele russische. Da gibt es gewaltige Unterschiede.

> **(1):** Ja, natürlich. Die haben auch wesentlich mehr Einwohner, die Russen. Das ist ganz logisch, daß es von den Russen mehr waren als von den Deutschen.

Kriegsgefangene?

> **(1):** Naja, es waren auch mehr Kriegsgefangene hier ...

Ja, aber wie die krepiert sind, wie man die dort verhungern hat lassen ...

(1): Ich weiß also, daß von der 6. Armee 80.000 Mann in Gefangenschaft gekommen und 5.000 zurückgekommen sind. Das ist eine stolze Ziffer, nicht?

Ich kann mir nicht vorstellen, daß Sie diese Photos hier sehen und sagen, die deutsche Armee war eine Armee wie jede andere. Das ist mir unbegreiflich.

(1): Haben Sie die anderen Armeen gesehen bei ihrer Tätigkeit? (laut) Haben Sie die Russen gesehen, was die aufgeführt haben?

Ich meine nicht Kampfhandlungen. Es genügt, wenn man die Texte der Nationalsozialisten liest, die sich ja auch auf den Feldzug in Rußland beziehen. Daran sieht man, daß eine Ideologie dahinterstand. Es ging ja nicht nur um das Erobern, sondern auch um die Ausrottung einer Bevölkerung.

(1): Es muß in jedem Krieg eine Ideologie sein. Das ist in jedem Land so. Was glauben Sie, was auf der alliierten Seite für eine Ideologie mitgespielt hat.

Das heißt, Sie vertreten auch heute noch diese Ideologie?

(1): Ich vertrete diese Ideologie nicht, weil es eine Ideologie ist, der ich nie angehangen habe. Ich war Soldat.

Ja, aber ...

(1): Und in meiner Familie ist man das seit ungefähr sechs Generationen gewesen. Es geht um das Einstehen für das eigene Land, was man damit auch meint.

Aber war das das eigene Land damals?

(1): (lacht laut auf) Jetzt weiß ich ganz genau, worauf Sie hinauswollen. Aber ich sage Ihnen eines: Die Leute, die damals in meinem Alter eingerückt sind, für die war der Anschluß von Österreich eine völlig legale Angelegenheit. Das konnte ein 18- oder 19jähriger damals überhaupt nicht ermessen. Wenn der Bundespräsident zurücktritt, die Erklärung unterschreibt, daß die Deutschen hereingeholt werden sollen, und wenn der Herr Renner sagt, er stimmt mit Ja, und wenn der Herr Innitzer sagt, er stimmt mit Ja, und alle sind sich einig in ihrer Ansicht, dann hatte ich keinen Grund – wenn das verfassungsrechtlich, formaljuristisch ganz in Ordnung gegangen ist – das zu hinterfragen, um so einen blöden Ausdruck zu verwenden, der jetzt immer verwendet wird –, ob alles wirklich richtig ist, was die gemacht oder nicht gemacht haben. Ich kann Ihnen nur eines sagen: Die Österreicher hätten damals – ich war damals nur vorübergehend hier – wahrscheinlich auch den Chinesen zugejubelt, wenn sie einmarschiert wären, wenn sie ihnen versprochen hätten, daß die Arbeitslosigkeit aufhört. Das war der eigentliche Grund damals.

(Eine Frau kommt hinzu.)

Das war mein Beruf

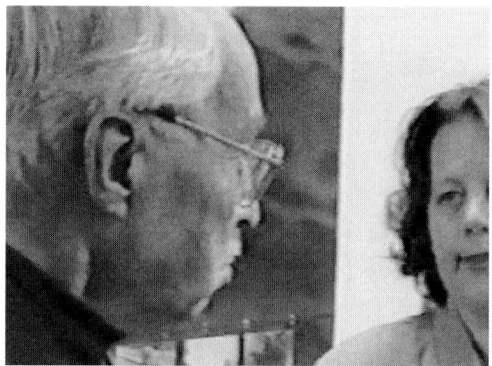

(2): Ich hätte auch noch eine Frage.

(1): Bitte?

(2): Ob es stimmt, daß die Jungen so eingerückt sind, mit diesem Vertrauen in eine bessere Zukunft oder ...

(1): Ja, selbstverständlich ...

(2): ... ohne Wissen, was da auf sie zukommt? Ich habe Ihnen die ganze Zeit zugehört – und was mir wirklich schon sehr schmerzlich bewußt wurde ist, daß man, wenn man diesen Krieg mitgemacht, in einem fremden Land gekämpft und soviel Zerstörung und Elend angerichtet hat gegenüber Menschen, die einem nie etwas getan haben, daß man dann zurückkehrt aus einem Krieg und sagt: „Es war ja eigentlich eh ein ganz normaler Krieg". Denn ich weiß von meinem Vater, der hatte in etwa Ihr

Alter – er hat im Kaukasus gekämpft, und er hat mir gesagt: „Weißt Du, während des Feldzuges ist mir erst bewußt geworden, was wir eigentlich für Verbrechen begehen." Und ich glaube, wenn ein Mensch eine Herzensbildung und ein Gefühl für das hat, was passiert, so muß es einem irgendwann bewußt werden: Wir begehen hier Verbrechen. Ob das jetzt legal oder juristisch abgesegnet ist, ich meine, man hat ja die ganze Wehrmacht auf Hitler vereidigt. Nicht auf Österreich und nicht auf das Deutsche Reich. Auf eine Person. Ich meine, Kriege sind immer schrecklich, und die Motivation, warum Kriege geführt werden, speziell derjenigen, die den Krieg beginnen, ist immer eine Motivation, die durch nichts zu rechtfertigen ist, aber es gibt Angriffs- und Verteidigungskriege ...

(1): Das gibt es nicht.

(2): ... aber man muß doch das, was in diesem Krieg passiert ist, auch in der ganz normalen Wehrmacht ... das waren doch Verbrechen, die auch mein Vater – er war nicht bei der SS ... Beim Rückzug in Italien hat man 200 italienische Offiziere und Soldaten erschossen, einfach umgebracht, auf Befehl von oben, und da war der Krieg schon fast zu Ende. Und dann kann man nicht von einer Wehrmacht sprechen, die sich keiner Verbrechen an der Zivilbevölkerung und an unschuldigen Opfern zuschulden kommen hat lassen. Und das wurde nämlich überhaupt nie erwähnt.

Erst im Zuge der Waldheimaffäre hat man über diese Situation gesprochen und über viele andere Situationen. Natürlich will man im nachhinein nichts davon wissen, wenn man beteiligt war, aber eigentlich ist das ja das wahre Verbrechen, es zu verdrängen und der Jugend das weiterzugeben, was man selber von sich wissen will und das andere, was man nicht über sich und das, was geschehen ist, wissen will – da ist man still. Denn die Jugend hat ein Recht darauf, genau zu erfahren, was war und wie es geschehen ist.

(1): Diese Gewissensqual, die Ihr Herr Vater gehabt hat und die durchaus verständlich ist, die habe ich nicht gehabt.

Und Sie haben auch nicht ...

(1): Nein, das habe ich nie gehabt, denn ich war ... es war mein Beruf, ich war Berufsoffizier damals. Mein Ziel war es – das war mein absoluter Wille –, daß ich den Beruf, den ich hatte, anständig ausführe. Dazu gehört auch z.B., daß man sich nicht ...

(2): Daß man das ordentlich macht?

(1): ... an Frauen vergeht. Man muß es ordentlich machen. Jeder muß seinen Job, den er macht, mit einer gewissen Disziplin und einer gewissen Ordnung durchführen. Aber sonst ...

Und heute?

(1): Es ist passiert, ja ... Dafür kann ich nichts, ich bin doch nicht der Verantwortliche gewesen dafür.

Wer ist der Verantwortliche?

(1): Na, da fragen Sie doch die Politiker, die damals tätig waren. Aber ich werde Ihnen etwas sagen: Es ist nicht so ein griffiges Argument, daß man sagt, der und der und der waren schuld, oder? Es ist eine Entwicklung, die hat mit dem Ersten Weltkrieg begonnen, hat sich im Zweiten Weltkrieg fortgesetzt und ... ich bin sicher, daß diese Entwicklung noch nicht entschieden und noch nicht abgeschlossen ist.

Nicht gesehen, anders gesehen

Waren Sie als Soldat im Krieg?

(spricht sehr ruhig, Hände gefaltet) Ja, ich wurde erst einmal aus der Hochschule relegiert, dann wurde ich, da ich nicht deutscher Staatsbürger war, nach Polen deportiert. Dort wurde ich vor eine Kommission gestellt, in der man mir gesagt hat, ich kann mir aussuchen, als Freiwilliger zur Deutschen Wehrmacht oder ins KZ zu gehen. Ich war ca. ein Jahr in Polen bei der Firma Brown-Boveri in Krakau und Lemberg und habe erlebt ...

(ringt nach Fassung) die Ermordung von 10.000en Juden im KZ. Vis-à-vis meiner Wohnung war das Hauptquartier des SD. Dort wurden jede Nacht zig Lastwagen voll Menschen ermordet. Und in der Früh abtransportiert. Ich wurde im November mit der Gestapo nach Insterburg zur Wehrmacht gebracht; wir waren alle Antifaschisten, Studenten, Elsässer, Belgier, Holländer, Franzosen ... Wir sind dann zur 14. Infanteriedivision gekommen. Unverständlicherweise wurde ich damals in eine Schule geschickt mit den neuesten ... wie hat man damals gesagt, Telegraphen-Codes, und dann war ich längere Zeit in Minsk am Bahnhof. Geschlafen haben wir in der Oper in Minsk. Dort habe ich riesige Transporte mit Russen gesehen, die tagelang am Bahnhof gestanden haben, bei 40 Grad Hitze. Da hat man jeden zweiten Tag die Waggons aufgemacht, (weint) hat dann die Toten herausgeworfen und ... Ich war dann an der Front, wobei natürlich der Kampfwille der Division sehr schlecht war und wir auch, sobald es ging, den Kampf beendeten. Ich war dann bis '48 in Rußland. Dort ... ich habe kein Soldbuch besessen, jemals, weil ich ja politisch unzuverlässig war und weder deutscher noch österreichischer Staatsbürger war. Daraufhin wollten mich die Russen nicht nach Hause lassen. Im Jahr '48 bin ich dann endlich im Februar als einer der letzten nach Hause gekommen, und danach ist es irgendwie weitergegangen.

Ich bin auf die Hochschule gegangen und wollte weiterstudieren. Da hat man gesagt, mein Verfahren muß erst aufgenommen werden. Das kann lange dauern. So habe ich schließlich unterschrieben, daß ich auf die Verfolgung der Denunzianten verzichte, um weiterstudieren zu können.

Und was heißt das?

Diejenigen, die mich im Jahr '41 auf der Hochschule denunziert haben, weil ich versucht hatte, den Kollegen am geographischen Institut zu sagen, daß der Krieg sinnlos ist, weil die Ressourcen der Westmächte, der Alliierten, ja ein vielfaches dessen sind, was die Deutschen haben. Da haben mich eine Blutordensträgerin, die Frau Pichler, und ein Herr Grapl, ein Kriegsversehrter, denunziert, worauf ich relegiert und am Morzinplatz einvernommen wurde.

Ich habe dort Fürchterliches gesehen ... Ich war als Student da, auf der jüdischen Kartenstelle zwangsverpflichtet ... ich könnte Ihnen stundenlang erzählen.

Was war die jüdische Kartenstelle?

Das war in der Sonnenfelsgasse zur Ausgabe der Lebensmittelmarken an die noch vorhandenen Juden. Und die Menschen sind gekommen mit dem letzten Hab und Gut und haben es anzubieten versucht, um überhaupt Lebensmittelkarten zu bekommen. Unvorstellbar.

Ich hatte lustigerweise einen sehr guten Freund, einer meinen besten Freunde – er war 20 km entfernt von mir an der Front, wo ich die Partisanenaktionen gesehen habe –, und er behauptet bis heute – wobei er kein Nationalsozialist war, aber zwei Jahre später Offizier wurde –, sogar er sagt bis heute, er hat nie etwas gesehen. Das ist das Schreckliche. Daß da Millionen Soldaten waren, die heute behaupten, nie etwas gesehen zu haben. Wobei ich zu mir selber sage, daß ich bis zum Waldheim ja auch nicht, nicht einmal zu meiner Familie, darüber geredet habe. Erst als der Waldheim kandidiert hat, da ist es mir dann zuviel geworden. Wenn einer, der dort war, wo die Nachrichten aus Saloniki einge-gangen sind und wo im Ort, wie man liest, Juden auch verhaftet und umgebracht wurden, sagt, er hat nie etwas gehört! Es ist ... (lange Pause, schluchzt) so grauenhaft, wenn einer lügt. Und die Verdrängung ist so groß, daß bestimmt viele Soldaten etwas, das sie gesehen haben, anders gesehen haben, als ich es gesehen habe. Sie haben es nicht gesehen.

Der Landser war anständig

(1): (zeigt auf ein Photo von gehenkten Zivilisten) Das hab ich selber gesehen, in Charkow. Das Bild da.

(2): Ich habe nichts gesehen.

(1): Die am Balkon hängen; die Aufgehängten. Die haben wir im 40er Jahr ... Das haben aber nicht wir gemacht. Das hat schon der SD gemacht, die Sonderdienste, SS ... die haben das gemacht. Als wir hingekommen sind – da war gleich in der Nähe der Flugplatz –, da sind die schon gehangen.

Warum sind die aufgehängt worden?

(1): Na, wegen ihrer Partisanentätigkeit. Aber nicht von der Wehrmacht, nicht von der Wehrmacht, sondern vom SD.

War für die Partisanen nicht die Wehrmacht zuständig?

(1): Nein, wirklich nicht. Wir überhaupt nicht. Ich kann Ihnen sagen, unsere 44. Division war eine anständige Division, auch die 100. Gebirgsjäger–Division, viele Österreicher dabei. Bei uns haben sich sogar die Deutschen anpassen müssen, nach unserem Modus, mit dem Essen und allem.

Wieviele Leute waren da aufgehängt?

(1): Na, das waren vierzehn.

Und wo sind die gehangen?

(1): Am Balkon. Das ist eh ein Bild ... (zeigt wieder auf das Photo) ... haben wir gesehen. Und wir sind dann weitermarschiert, über Schukojew nach Wologovjar; dort war die Winterstellung, in Wologovjar, und dort hab' ich das erste russische KZ gesehen, in Alexandrovka. Vorher hatte ich noch kein KZ gesehen, erst da habe ich das erste russische gesehen.

Und ein deutsches?

(1): Ein deutsches habe ich nach dem Krieg ... Ich war in Auschwitz, in Birkenau.

Aber während des Krieges?

(1): Während ... nur da in Retschew. Also in Reichshof wäre ich bald einmal konfrontiert worden mit so einer Sache. Aber ich habe das strikt abgelehnt und meine Leute auch. Also die, die sich zu so etwas hergegeben haben, waren sowieso von Haus aus charakterlose Leute. Auch die KZ-Wächter verurteile ich auf das schärfste. Und auch die, die sich zu Strafkompanien hergegeben haben, als Ausbilder.

(2): Ja, als Ausbilder!

(1) Siehst, er weiß das auch. Bataillon 500 war das strengste Strafbataillon in der Deutschen Wehrmacht.

(2): Die sogenannten Strafbataillone waren ja nur für die, die sich geweigert haben. Sie sind zur Strafkompanie gekommen und mußten den größten Dreck machen: über Minenfelder, über alles. Das waren nichts anderes als Schlachttiere, die den Weg geebnet haben, damit die anderen hinterherlaufen können.

(1): Wir gedienten Soldaten sind gegen jeden Krieg, gegen jede Diktatur. Ich habe siebeneinhalb Jahre meiner Jugend für den Krieg geopfert, opfern müssen. Daher sind wir ... Von der politischen Richtung her hätte ich nicht für den Hitler sein können. Aber was wäre uns anderes übriggeblieben. Mein Vater, wenn er noch gelebt hätte, der hätte sicher Widerstand geleistet, mein Vater.

Wieso der Vater?

(1): Naja, er war durch und durch ein ...

(2): Ein Monarchist ... (lacht)

(1): ... ein Österreicher, dem das Kaiserhaus über alles ging ...

(2): Heute gibt es ja keine Österreicher mehr ...

(1): Wir haben das ganze Vermögen verloren. Mein Vater hat die Kriegsanleihe gezeichnet – Gold gab ich für Eisen –, im Wert vom Hotel Sacher, das heißt was. Nach dem Zusammenbruch sind wir praktisch arme Leute gewesen. Und zu den Juden kann ich Ihnen auch was erzählen: Wir selbst haben in unserem Haus gehabt den Max Glaser, ein anständiger Jud', auch im Ersten Weltkrieg gewesen. Zu dem habe ich immer gesagt: „Maxl, hau' ab, der Hitler macht keine Geschichten." Hab' ich gesagt. Hat er gesagt: „Ich war im Ersten Weltkrieg, bin ausgezeichnet worden, ich habe das

Krukenkreuz, mir wird keiner was tun." Weg haben s' ihn.

Sein Sohn lebt heute noch, den habe ich schon besucht in Israel, in ... Der Ernst Glaser, das ist ein 16er Jahrgang, der lebt heute noch.

Wir Soldaten, gedienten, haben keinen Haß gegen einen Andersdenkenden und wollen auch keinen Krieg, das kann ich Ihnen sagen. Deswegen sind wir auch so erschüttert, daß über uns, nach 50 Jahren, so eine Drecklawine ausgeschüttet wird.

Wieso Drecklawine? Sie haben ja selbst gesagt, Sie hätten die Galgen in Charkow gesehen.

(1): Ja, aber daß sie uns, die Wehrmacht, so reinziehen, das ist nicht wahr. Die das gemacht haben, waren alles politische Einheiten. Als die Politik in die Wehrmacht gekommen ist, war auch der Krieg verloren, das steht fest.

Nicht einmal der Russ' hat so gegrüßt (macht den Hitler-Gruß), sondern mit dem internationalen Gruß (Hand an die Stirn). Und als das Hitler-Attentat war, haben sie das abgeschafft. Da hat nur mehr die Partei regiert, und dann war es aus. Aber ich und alle Landser, besonders die österreichischen Einheiten, haben so etwas nicht gemacht. Und die so etwas gemacht haben, waren alles Hinterlandstachinierer.

(3): Also, daß sich Leute heute noch verteidigen, die Soldat gewesen sind. Ich war bei der Luftwaffe, ich hab' das Glück gehabt. Aber danach war ich in einem Rüstungsbetrieb in

Breslau, da habe ich sie gesehen: Man wußte nicht, ob Männchen oder Weibchen, nur mit einem Sack bekleidet mußten sie in dem Dreck da rumwühlen, sie wurden gequält und alles.

Und daß freiwillig Soldaten – und nur durch die Wehrmacht war ja diese Vernichtung möglich – freiwillig geklopft haben und die Leute totgeschlagen haben ... Die Mörder sind doch noch unter uns, heute. Muß sich doch keiner verteidigen. Wir sind auch mitschuldig, weil wir das alles mitangesehen haben.

Ich habe noch mitangesehen, wie zwei Soldaten von der Feldpolizei, die Kettenhunde, aufgehängt wurden – ein Unteroffizier und ein Gefreiter, weil sie nicht wußten, wo ihre Einheit war –, in Mährisch Trübau; aufgeknüpft haben sie sie am 4. Mai, und am 8. Mai haben sie sich mit einer weißen Binde den Amerikanern in Karlsbad ergeben. Ich hab' das den amerikanischen Offizieren erzählt. Und – was ist aus ihnen geworden? SS-Leute und andere sind abgesondert worden ... aber was aus denen geworden ist? Und wieviele aus Mauthausen, die gequält haben, sind durch die Lappen gegangen und sind noch unter uns?

Das falsche Schwein geschlachtet

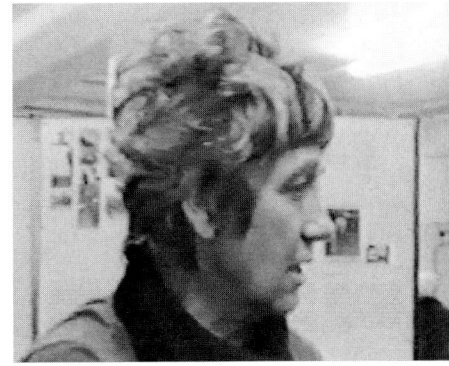

(1): Haben unsere Väter den Kopf hingehalten, damit etwas so dokumentiert wird? Ich bin kein Zeitzeuge, weil ich Gott sei Dank zu jung bin, aber mein Vater war in Orel, und ich muß sagen, wenn man ... Das weiß auch ich noch, also so jung bin ich ja auch nicht mehr, daß ... wenn man einen Befehl nicht ausgeführt hat, ist man an der Wand gestanden. Also ich meine, ich finde das unglaublich, da müßten Zeitzeugen ... also wirklich diskutieren und auch aus ihrer Warte ...

Ich meine, der Herr Dr. (sie zeigt auf den Mann neben ihr) war fünf Jahre nur an vorderster Front, nicht bloß eingerückt ...

(2): Ich will Ihnen etwas sagen: Also bitte, ich finde es einseitig und merkwürdig von deutschen Historikern, daß sie das eigene Heer mit seinen negativen Erscheinungen zeigen und nicht fremde Heere mit ihren mindestens genauso gleichen Greueln. Und ich bin Sudetendeutscher, ich weiß, was in der Tschechoslowakei passiert ist. Es sind drei Millionen ausgesiedelt, es ist eine Viertelmillion umgebracht worden, und darüber höre ich heute, am 50. Jahrestag der Vertreibung der Sudetendeutschen, soviel wie nichts in Presse und Rundfunk. Und wenn Sie dann schon von Schuld sprechen – obwohl ich eine persönliche Schuld für mich ablehne –, dann habe ich weiß Gott genügend gebüßt dafür, daß der Krieg überhaupt entstanden ist und ich zwangsläufig dabei war. Aber ich muß sagen, ich fühle mich als Opfer des Krieges und nicht als jemand, der ihn befürwortet. Nie wieder Krieg, würde ich sagen. Ich kenne keinen, der Kriegsteilnehmer ist und sagt, ich möchte noch einmal einen Krieg anfangen. Ich glaube, das reicht.

(3): Sie müßten 'mal das Buch lesen von Dirk Bartendamm

„Roosevelts Weg zum Krieg" und dann in der Fortsetzung „Roosevelts Krieg". Da ist die ganze Vorbereitung für den Zweiten Weltkrieg drinnen. Und 1929 hat die Warburg-Bank Hitler finanziell unterstützt mit vielen Millionen, damit die NSDAP am Leben bleibt. Das gehört auch zu der Geschichte dazu.

(4): Der Papst hat es unterstützt, und die Amerikaner haben es unterstützt, daß vor dem Krieg Hitler am Leben bleibt. Da gibt es

Dokumente darüber.

(1): Seriöse!

(4): Und wenn man schon … und wenn man schon das deutsche Regime als verbrecherisches Regime anprangert, wenn man hier eine Ausstellung darüber macht, dann sollte man auch eine über den Stalin machen. Das ist mindestens derselbe Verbrecher gewesen. Und wenn die deutsche Armee nicht gewesen wäre, dann wären wir … Vierzig Jahre hätten wir das gehabt, was der Osten gehabt hat, das heißt Ungarn, Bulgarien, Rumänien, Tschechien.

(1): … die DDR.

(4): Dann wären die Russen auch bei uns gewesen … DDR. Dann wäre es uns sicher nicht gut gegangen, oder glauben Sie, daß es so gut gegangen wäre, wie es jetzt geht? Sicher nicht. Und wenn die deutsche Armee nicht gewesen wäre, wäre der Russe am Atlantik gestanden. Das hat sogar der Churchill festgestellt, nebenbei bemerkt.

(1): „Wir haben das falsche Schwein geschlachtet", nicht wahr, hat er ja gesagt.

Bomben über der Zivilbevölkerung

Wie haben Sie diesen Krieg erlebt? Wo waren Sie?

Ich habe den Krieg in der Sowjetunion erlebt. Ich war politische
Emigrantin. Und ich war auch mit einem politischen Emigranten
verheiratet, mit einem Italiener, der aus dem Mussolini-Italien
geflüchtet ist. Und ich war damals während der Zeit des Krieges
schon allein mit meinem Kind. Ich habe gelebt in Gorki, das
heute Nischni Nowgorod heißt. Und wir haben dort ganz schreckliche Bombardierungen erlebt, das war … als die Deutschen vor
Moskau gestanden sind, '41, da sind täglich die deutschen Flieger
gekommen, des Nachts. Ich mußte mit meinem Kind in die
Gräben – wir hatten so Splittergräben, die sind da ausgehoben
worden, um sich vor den Bomben zu schützen. Ich habe das
erlebt, fürchterliche Bombardierungen. Wir haben gehört, wie die
Bomben herunterfliegen, das Pfeifen. Wenn wir herausgekommen
sind, hat es rundherum gebrannt, war Feuerschein. Und auf dem
Boden sind diese Metallstücke gelegen, die Splitter von den
Geschützen. Es war schrecklich, und das ist Nacht für Nacht eine
Zeitlang so gegangen. Und schrecklich war für mich, daß ich mir
gedacht habe, bei diesen Fliegern könnten auch Österreicher sein.

*Sie hatten aber das Glück, so wie ich das verstehe, daß Sie nicht in einem
Gebiet waren, durch das die Deutschen direkt durchgekommen sind.*

Nein, aber man hat damit gerechnet, die Möglichkeit war da. Ich
habe ja im Betrieb dort gearbeitet, in einem Autowerk in Gorki.

Und ich kann mich erinnern, daß man begonnen hat, Gräben zu bauen, in der Nähe von Gorki, sozusagen Panzerfallen oder so etwas ähnliches, nicht? Da ich ein Kind hatte, hat man mich nicht dazu genommen, aber ich weiß, daß viele meiner Arbeitskollegen an diesen Arbeiten teilgenommen haben. Es hat Leute gegeben, die von der Front gekommen sind und gesagt haben, die Bombardierungen waren nicht einmal bei uns so schrecklich wie hier. Es war so, daß die Bomber, wenn sie ... ihre Ziele nicht erreichen konnten oder verfehlt hatten, ihre Bomben einfach über der Zivilbevölkerung abgeworfen haben. In meiner Wohnung war z.B. eine Wand sehr beschädigt, Fenster waren natürlich alle kaputt. Auch die russische Zivilbevölkerung hat sehr gelitten unter dem Krieg. Sehr schlechte Versorgung. Ich habe das alles niedergeschrieben in einem Buch.

Was haben Sie damals gewußt oder gehört von diesen Verbrechen, die hier in der Ausstellung gezeigt werden?

Ja, man hat schon ... man hat ja nur gehört, was die Leute im Betrieb erzählten, die Angehörigen von Soldaten, die an der Front waren. Und da hat man einiges gehört ... aber das war natürlich bei weitem noch nicht alles. Es war ja noch gar nicht bekannt, wie fürchterlich die Verbrechen der ... der Hitlerarmee und überhaupt Hitlers waren. Aber ich kann mich erinnern, daß jemand erzählt hat, man würde in den eroberten Gebieten die Juden besonders massakrieren. Jemand hätte gesehen, wie man jemand an der Zunge aufgehängt hat. Solche Dinge hat man schon gehört. Es wurde dann auch, ... soviel ich weiß, auch offiziell bekannt gegeben, daß man dahintergekommen ist, daß die Nazis Autos als Vergasungsmaschinen verwenden, daß die Leute hineingetrieben werden in die Lastwägen und als Leichen herauskommen. Von KZ u.ä. haben wir damals noch gar nichts gewußt. Das wurde alles erst viel später bekannt.

Und wo war Ihr Mann?

Ja, leider, das ist die andere Seite der Medaille. Mein Mann, ein glühender Antifaschist und ich auch, sind, ... das war lange vor

Ausbruch des Krieges, während dieser stalinistischen Säuberungen
– Stalin hat in jedem Ausländer einen Feind gesehen, er hat ja
seinem eigenen Volk mißtraut –, und da hat es diese
Massenverhaftungen gegeben, und da wurde mein Mann '37 verhaftet, obwohl er Antifaschist und Kommunist war, so wie ich
auch, wurde er verhaftet, und ich bin mit dem Kind dagesessen.
Ich konnte nicht zurück. Ich ... ich habe im Betrieb gearbeitet
und sehnsüchtig gewartet, bis der Krieg vorüber ist, weil ich
gehofft habe, dann in meine Heimat wieder zurückfahren zu können. Aber leider habe ich dann erfahren, daß mein Mann, das
wußte ich gar nicht, sehr bald nach seiner Verhaftung erschossen
worden ist. Vom NKWD, nicht, von der russischen Polizei. Ja, ...
beide Seiten haben ihre Verbrechen begangen.

Menschen zusammengefangen

Da ich von dem Zeitpunkt an, zu dem ich eingerückt bin, das
Verbrechertum erkannt habe, habe ich auch nur das
Allernotwendigste gemacht, habe mich so angestellt, daß ich von
der kämpfenden Truppe wegkam. Dadurch, sagen wir, daß ich nur
das Notwendigste gemacht habe, selber gut aufgepaßt habe, daß
ich mich nicht verrate und nur das Notwendigste gemacht habe.
Und da bin ich im Lauf der Begebenheiten zwei Mal versetzt worden und dann zu einer Nachschubtruppe gekommen. Und da habe
ich mir gedacht, da bleibe ich jetzt. Ich will den Krieg überleben.

Und da bleibe ich. Und bin auch geblieben und habe dann doch –
obwohl ich mich sehr zurückgehalten habe und nie irgendwem
meine Gesinnung unter Kameraden bekanntgemacht habe, das
war ja gerade ... das war ja lebensgefährlich ... es hat mir dann
doch der Oberleutnant, der Vorgesetzte von mir – er war auch ein
Nazi und hat immer das Parteiabzeichen getragen – gedroht, daß
er mich wegen Wehrkraftzersetzung vor ein Kriegsgericht bringen
will. Er ist aber dann versetzt worden, und ich bin eigentlich gut
durch den Krieg gekommen, war nie in Gefangenschaft und habe
nichts oder nur das Nötigste getan für den Sieg, indem ich
Kraftfahrer war. Aber ich mußte schon ... mußte auch gelegent-
lich Flugzeugbenzin fahren oder Bomben und so etwas.

Sie waren in Rußland?

Ja, ich war zweieinhalb Jahre in Rußland.

Was haben Sie da gesehen?

Naja, ich habe schon gesehen, daß sie beim Einmarsch, da habe
ich Gelegenheit gehabt, das zu beobachten, daß sie in Riga z.B.
Menschen zusammengefangen haben. Das war im Sommer, junge
Menschen, die waren ganz gemischt, gut angezogen noch, junge
Mädchen. Burschen weniger, die sind mir nicht so aufgefallen,
aber natürlich: Einem Mann fallen die Mädchen mehr auf. Und ...
Ja, aber das war dann tragisch. Die sind dann weggeführt
worden, und nach kurzer Zeit hat man Maschinengewehrfeuer
gehört, die sind erschossen worden, ermordet worden. Ich bin
nur in die Nähe davon gekommen, so daß ich es gehört habe.
Aber bei so einer Truppe war ich nicht, Gott sei Dank. Ich lese da
jetzt das alles, und ich glaube aber doch, daß die Soldaten sich
dem hätten entziehen können, hätte wahrscheinlich ziemliche
Zivilcourage dazu gehört, aber ...
Ich habe von einzelnen Fällen gelesen – nicht einmal selber
gehört, aber gelesen –, die sich diesen Befehlen entzogen haben,
indem sie halt irgendeine Begründung sagten, vielleicht Gläubig-
keit, und daß sie das nicht machen können oder wollen. Aber es
ist mir kein Fall bekannt geworden, daß man deswegen einen

Soldaten erschossen hätte, wenn er das abgelehnt hat. Wie gesagt, das habe ich öfter gehört. Und es wurde auch so kolportiert. Aber sonst war ich, wie ich gesagt habe, schon vorsichtig. Und das kann ich Ihnen auch noch sagen, daß ich dann das Kriegsende als größte Genugtuung meines Lebens erfahren habe. Und daß die Verbrecher halt doch zur Verantwortung gezogen wurden. Viele haben sich ... Einige mußten sich ja samt den Familien selbst ausrotten, das war ja die totale Niederlage, als der Goebbels seine Kinder erschießen mußte und seine Frau und sich selber. Andere haben wieder Zyankali geschluckt, z.B der Himmler usw. Ja, das hat natürlich das ganze Unrecht und diese furchtbaren, unausdenkbaren Verbrechen nicht, bei weitem nicht, gesühnt. Aber es war halt für die, die sich da selbst bestrafen mußten oder die, die vor den Gerichtshof – wie hat das geheißen? – vor den Nürnberger Gerichtshof – gekommen und eben da hingerichtet worden sind, auch eine wirklich verdiente Strafe.

Weiberbataillone

Vieles, was ich hier gesehen habe, habe ich mit eigenen Augen gesehen und erlebt, aber ich ... aber mir ist nicht bekannt, daß irgendwo etwas passiert wäre, das ... keinen Hintergrund ... also unbegründet gewesen wäre. Wir haben nichts aus Mutwillen oder aus Hetz oder aus Haß getan. Daß es vielleicht Säuberungen gegeben hat, rückwärts, davon haben wir nie was gehört. Ich kann auch nicht dazu Stellung nehmen. Ich kann weder Ja noch Nein dazu sagen. Ich war in Rußland, ich war vorne und hinten, aber ich habe von Greueltaten nichts gehört, es sei denn, daß wirklich in einem Ort ... daß da ein Ort, wo mehrere ... und wo Einheiten waren, wo ... Was für uns entsetzlich war, das war ... eine Weiberkompanie, in der sogar Frauen im Krieg waren ... Das war für uns also ganz schlimm. Das war ganz schlimm.

Wie war das? Erinnern Sie sich, wo das war?

Ja, schon. Ich meine, daß eine Frau ... das war so ganz gegen unsere Ordnung und gegen unseren soldatischen Begriff ... Wir haben das mal erlebt, also da ist ... Gott ... auf dem Straßenrand ... eine Russin gewesen in einer Uniform, die Hosen hat man ihr ausgezogen und die Schenkel auseinander und so hat man sie auf der Straße dann hingelegt. Das ist also ein Ausdruck gewesen, der bestimmt unter den wilden Landsern ... irgendwie, wir waren ja Männer unter uns, also hier konnte schon irgendwie Haß und Unverständnis in Zorn ... überschlagen. Ohne weiters. Das muß man verstehen.

Das heißt, man hat sie ausgezogen ...

Nein, nein. Sie ist erschossen worden.

Sie ist erschossen worden.

Sie ist erschossen worden, ja. Wir sind beim Angriff des Tatarengrabens – das ist ein Befestigungsgraben, der die Insel Krim vom Festland abschneidet, der schon aus vorigen Jahrhunderten stammt und wieder befestigt war und ... über den ein Drüberkommen ja kaum normal möglich war – wir sind mit schwerer Artillerie aufgefahren, wir haben beim Angriff heftigst geschossen, aber in den Graben selber zu treffen, das bringt nichts. Gott sei Dank ist eine SS-Einheit dann eingesetzt worden, die also ... wenn es hart auf hart ging, wenn wirklich ein Brennpunkt war, ein schwieriger, dann ist Gott sei Dank ... die SS ... sagen wir, dort verheizt worden oder dort hineingesetzt worden. Die sind durch die Sümpfe, durch das faule Meer durch und haben von der Flanke her einen Angriff gestartet, der militärisch

nicht sehr wuchtig war, aber doch Verwirrung bei den Russen hervorgerufen hat. Diese Verwirrung konnten wir dann ausnutzen
und den Tatarengraben – die Infanterie – unter hohen Verlusten
überwinden. Und unter den vielen toten Russen, die ja
heldenhaft gekämpft haben und mit einer solchen Sturheit, die
uns, möchte ich fast sagen, fremd war, mit einer solchen ... mit
einer solchen Lebensverachtung. Überhaupt war das so typisch
für den Russen, diese Gleichgültigkeit dem Leben gegenüber, die
uns oft erschreckt hat ... Nun ja, da war ein Frauenbataillon eingesetzt, ein Weiberbataillon, nicht? Das war also für uns zur
damaligen Zeit, war das also ... etwas also ganz Neues. Natürlich,
wir hatten Blitzmädel, wir hatten Krankenschwestern und so. Die
Blitzmädel sind dann ja auch in sehr exponierte Situationen
gekommen, aber sie hatten keine Waffen. Die haben ja nicht in
den Kampf eingegriffen, das war also uns echt fremd. Und umso
größer war das Entsetzen, daß uns ein ganzes Bataillon Weiber
gegenüberstand. Wenn man dann acht Tage später ... oder drei
Tage später über das Schlachtfeld gefahren ist, dann waren ihre
Leiber wie dicke Blunzen von der ... Hitze, vom Faulvorgang
bereits, also aufgebläht ... ein scheußlicher Anblick. Also es war
... also entsetzlich. Und wenn man so etwas erlebt hat, dann ist
das hier (zeigt auf Photos) eigentlich etwas, das einen gar nicht
erschüttert.

Pogrome

Wo waren Sie?

Wo ich war? In der roten Armee, von '41 bis '55.

Also auf der anderen Seite ...

Ja. Ich war Chauffeur ... In Sume war eine Artillerieschule, und
sie haben mich aufgenommen als freiwilligen Chauffeur. Ich war
Chauffeur in Zivil, und dann mußten sie einrücken. Es war die
Charkow-Artillerieschule ..., und sie nahmen mich mit als
Chauffeur an die Front. Dann bin ich Offizier geworden. (lacht)
Und den Krieg habe ich in Deutschland beendet.

Haben Sie etwas gesehen von den Verbrechen der Wehrmacht?

Mehr als genug.

Können Sie uns davon erzählen?

Wenn es Sie interessiert. Ich sehe hier überhaupt nichts aus der
Ukraine. Es gab Pogrome. Ich bin geboren in Tarnopol, aber
gewohnt habe ich in Lemberg. Dort haben sie 7.000 Leute umge-
bracht, in zwei Tagen. Und dann ist erst die Armee eingeschrit-
ten, das war ihnen dann zuviel. Sie haben sie beendet, die
Pogrome, und sind dann weitermarschiert. Und dann hat man den
Bendera eingesperrt, die SS, in ein KZ, und es war Schluß mit
„Swobodnaja Ukraina", freie Ukraine.

Aber haben Sie Verbrechen der Wehrmacht direkt gesehen?

Die Wehrmacht hat alles geführt, doch eines wird hier nicht
gesagt: In jeder Division waren ein Zehntel des Standes

Freiwillige – Ukrainer, Russen usw. Die Deutschen hatten nämlich keinen Nachschub an Menschen. Viele sind freiwillig gegangen, weil sie gewußt haben, wenn sie normal in Gefangenschaft gehen, dann leben sie bald nicht mehr. Sie sind im hinteren Teil mit den Pferden herumgefahren, und es gab Teile, welche gekämpft haben. Sehr tapfer – und sehr starke Kämpfer, weil sie gewußt haben, sie haben nichts zu verlieren. Na, viele Sachen waren ... Am schlimmsten war die verbrannte Erde: Ab '43, nach Kursk, sind sie zurückgewichen und haben alles aufgerissen und ... gesprengt, Leute in der Kirche oder wo es war ... da hat man Frauen mit Kindern hineingetrieben, angegossen und verbrannt. Solche Sachen haben wir viele gesehen. Ja, was kann man schon sagen. (lange Pause) Es hat sich so abgespielt.

Gold vom Juden

Aber im großen und ganzen ... ich habe gesehen die Bilder von diesen Erschießungen. Ich habe nur einmal, als ich in Polen war – in Lemberg, beim Spaziergang in Kulbakov, das war das Reservelazarett – gesehen, wie die SS die Juden in dem Gemeindebau zusammengetrieben und das Haus angezündet hat. Die Juden sind dann vom Fenster heruntergesprungen – das war in Lemberg. Dort waren natürlich dann die großen Gräben. Und da haben sie einen nach dem anderen erschossen. Wir als Soldaten – wir waren ja damals praktisch Angehörige vom Lazarett –, wir

haben ja nur zuschauen können. Wir haben ja nichts machen können. Wir haben nichts dagegen unternehmen können. Sonst wären
wir gleich dazugestellt worden, in die Grube.

Wieviele Juden waren das ungefähr?

Na, es werden schon ein paar hundert Juden gewesen sein. Die
Juden hatten ihre Gewänder ausziehen müssen, weil es ja angezündet worden ist, und die Leute natürlich, die haben dann
sofort die Säcke durchwühlt, weil die Juden das ganze Gold in
den Taschen gehabt haben. Die haben – sie haben es ja nicht so
mitnehmen können – das ganze Gold am eigenen Körper getragen
und versteckt, in den Taschen. Die Juden selber. Und wie sie sich
ausziehen haben müssen, haben sie das Gewand hinlegen
müssen, und dann haben sie sie erschossen am Graben, an den
Rändern von diesen Gräben – und die Soldaten haben natürlich
das Gold und das Geld herausgenommen, nicht? Sie haben es
sozusagen geplündert – das Gewand. Sie haben es natürlich,
denke ich mir, für die eigenen Zwecke verwendet.

Und wieviele Soldaten waren das, die die …

Naja, vielleicht zehn bis zwanzig …

Soldaten?

Soldaten. SS-Hilfsdienst, Sicherheitsdienst, so
Evakuierungskommandos, Hinrichtungskommandos waren das.
Und wir sind am Rand gestanden und haben halt zugeschaut,
nicht? Weil, was hätten wir sollen machen? Helfen?

Klappernde Leichen

Ich war bei der 6. Armee, bis in den Raum von Stalingrad. Und das stimmt schon. Die Bilder, die man hier sieht, das ist wahr. Charkow zum Beispiel. Dort draußen im Raum sind sehr viele Bilder von Charkow, da hingen die Leute auf den Balkonen, an den Häusern, an den Gaslaternen etc. Es hat über 20 Grad minus gehabt, die sind gefroren wie Holzblöcke. Wenn der Wind gegangen ist und man nachts durch die Straßen gegangen ist, hat das wahnsinnig geklappert. Die Leichen haben wie Holz gegeneinander geschlagen usw. Das war schon schauderhaft. Es ist schon wahr, was da gezeigt wird.

Das kann ich nicht glauben

Mein Vater ist '43 zu Hause gestorben ... Die werden heute ja alle
als Mörder hingestellt. Das kann ich nicht glauben, das kann ich
nicht glauben, und ich weiß von Erzählungen, daß es immer
geheißen hat: Wir sind beschossen worden, wir haben uns natürlich gewehrt. Und wir mußten uns wehren, und das glaube ich.
Ich glaube diese willkürlichen Erhängungen, Erschießungen
nicht, ich glaube es nicht. Ich glaube nicht, daß meine Onkel
Mörder sind. Ich glaube auch nicht, daß mein Großvater ein
Mörder ist. Das kann ich nicht glauben, denn sonst müßte ich
mich selbst aufhängen. (geht immer wieder weg und kommt zurück) Aber
das hier, das macht uns glauben, daß unsere Onkel, unsere Väter
Mörder sind. Denn sie stellen es ja als Mord hin oder nicht? Gut,
es war ein Angriffskrieg, ja. Aber es war nicht so, wie es hier dargestellt wird. Sicher nicht.

Vernichtung der jüdischen Rasse

Waren Sie auch bei dem Krieg dabei?

Nein. Ich war in der Emigration.

Und wie finden Sie die Austellung?

Erschütternd. (blickt auf die Schautafeln) Es ist eigenartig, wenn man
hört, wie die das immer zu verteidigen versuchen. Niemand denkt
daran, daß Hitler ja am 30. Januar 1939 klar und deutlich gesagt
hat, wenn es zum Krieg kommt, so kommt die Vernichtung der
jüdischen Rasse – das läßt sich doch nicht abstreiten; ganz abge-
sehen davon, was in „Mein Kampf" und in anderen Büchern steht.
Das ist eine klare Sache. Was gibt's da überhaupt zu sagen?
Diejenigen, die behaupten, das Ganze sei nicht wahr, machen ja
Hitler praktisch zu einem Hanswurst, denn das einzige, was man
Hitler anrechnen kann ist, daß er ehrlich war – und jetzt behauptet man einfach, daß er seine eigene Weltanschauung nicht
ernstgenommen hat –, was kann man sagen?

Und wo waren Sie?

Ich war in Israel.

Und leben Sie jetzt wieder in Wien?

Ja, meistens. Ich habe da Familie. Das Groteske ist, daß meine
Familie von Stalin gerettet wurde; nicht, weil er so ein sympathi-
scher Mensch war. Die Deportation hat meinen Eltern – sie waren
damals in Riga und wurden als deutsche Staatsbürger deportiert –
das Leben gerettet. Meinem Bruder auch.

Gemein und hundsgemein

(1): Daß das alles ein Verbrechen war, bestreitet kein Mensch. Kein Mensch ... Einer, der normal ist, wird das nie bestreiten. Ich will Ihnen nur sagen ich hatte viele Freunde, Juden, ich bin bei Juden aufgewachsen in Hietzing. Also, ich sage Ihnen nur ein Beispiel: Nach dem Krieg ist ein Jud', der Kohn, zu mir gekommen – der ist mit mir aufgewachsen – mit so einem Sack Essen. Nur ein Beispiel: Es gab Leute, die haben gelebt bei den Juden, unter den Juden, so wie ich. Dann ist Hitler gekommen, und sie haben nichts mehr geredet mit ihnen. Sie haben sie nicht einmal mehr in die Wohnung gelassen. Das war bei uns im Haus auch. Wir hatten eine Dame im Haus, die hat zu meiner Mutter gesagt: „Wieso kann der noch zu Ihnen kommen?" Sie hat gesagt: „Das ist der Freund meines Sohnes, und er wird auch weiterhin kommen." Der ist dann nach Israel emigriert, ist auch wieder zurückgekommen, und wir haben uns auch getroffen. (geht weg und kommt wieder zurück) Man muß immer unterscheiden, man muß immer unterscheiden: Es hat solche gegeben und solche. Alle in einen Topf werfen, das kann man nicht. Grundsätzlich. Ich verstehe nicht, daß man das hier so heraushebt. Schauen Sie: In der Geschichte ist das uralt, denn die Amerikaner, die Weißen, haben sich die Neger geholt aus Afrika, haben ihnen Ketten um den Hals gehängt und haben sie ... (Zu **(2)**, der daneben steht) Sie brauchen nicht den Kopf schütteln! Das war so!

(2): Wer hat Sie eingeladen zu kommen, können Sie mir das sagen? Nach Jugoslawien!

(1): Was, mich?

(2): Wer hat Sie eingeladen? Wer hat Sie eingeladen, nach Jugoslawien zu kommen als Soldat?

(1): Mich hat kein Mensch eingeladen.

(2): Also, was war los?

(1): Na, was ist?

(2): Wenn jemand gekommen wäre, Österreich zu besetzen, in so einer brutalen Art, wie hätten Sie reagiert?

(1): Na, der ist gut. Wie hätte ich reagiert, hören Sie ... Also! Was heißt also! Warum geht er jetzt weg? Warum will er nicht diskutieren? Krieg ist Krieg, das war eine Gaunerei, das wissen wir eh. Ist nichts Neues. Ich habe mir gedacht, da sind neue Sachen, aber das ist lauter alter Mumpitz, aufgewärmt. Nein, so kann man das nicht machen. Da muß man schon sagen, so und so war es ... Da muß man unterscheiden, was gemein war, was hundsgemein war. KZ, das war unbeschreiblich, nicht? Wenn man das gesehen hat, die verhungerten Leute und die vergifteten ... Was die aufgeführt haben mit ihnen, das war schon allerhand.

Wo haben Sie denn das gesehen?

(1): Was? Ich habe nichts gesehen, aber ich sehe es auf den Bildern. Ich bin ja nicht dazu gekommen, es zu sehen. Ich war ja eingerückt. Na ja. Jetzt schaue ich mir noch was an. Serbienpartisanen ...

Von Demokratie heute noch entfernt

Ja. 1938 ist der Hitler mit seiner Armee in Österreich einmarschiert. Da war mir klar, daß es keine Überlebenschance gibt. Es
ist mir aber erst doppelt bewußt geworden, als am 10. November
die Tempel zu brennen begannen. Ich war damals in einer
Schlosserei, und plötzlich stürmt einer herein: „Rennt davon, die
SA kommt!" Wir sind beim Gangfenster hinaus, und ich bin stundenlang am Donaukanal spazierengegangen, weil ich mich
gefürchtet habe. Am späten Nachmittag war ich schon sehr hung-
rig, und ich bin in die elterliche Wohnung gegangen. Da waren
Gott sei Dank meine Mutter und mein Vater; aber mein älterer
Bruder war schon verhaftet und auf die Elisabethpromenade
gebracht worden. Er ist später nach Dachau gekommen, wo er
sechs Monate verbracht hat. Im März 1939 bekam ich dann endlich mein englisches Visum und konnte weggehen. Jedenfalls
habe ich mich im Jahr '43 freiwillig gemeldet und bin dann Ende
'43 zum Waffendienst einberufen worden, Ausbildungslager ... Da
hat man mich gefragt, wo ich sein will: Bei einer Invasionseinheit möchte ich sein. Da bin ich nach Ashton-under-Lyne gekommen. Dort habe ich eine Ausbildung als Panzerfahrer usw. bekommen. Und dann hat man mich neuerlich gefragt, habe ich wieder
gesagt, ich will zu einer Invasionseinheit. Und ich bin dann im
Mai 1944 zur 26. Beach Recovery gekommen, und als die Invasion
begonnen hat, sind wir dann mit Schiffen über den Kanal, und

ich bin auf King Beach gelandet. Da hatte ich ein Erlebnis, das war das Gegenteil von dem, was hier zu sehen ist: An einem der folgenden Tage nach der Landung, ich war auf meinem Abschlepp- und Schwimmpanzerfahrzeug, kamen bereits deutsche Gefangene. Ich habe sie an den Uniformen erkannt, es war Waffen-SS. Und durch einen Zufall sind ein paar bei mir stehengeblieben, weil sie noch nicht ins Schiff konnten. Und da sagt der: „Schau dir den an, der hat so viele Zigaretten." Ich habe gerade geraucht. Ich höre das und sage zu ihm: „Sag' einmal, wieso bist Du in der Waffen-SS?" Er antwortete: „Na ja, ich bin noch jung, und ich bin einfach eingezogen worden. Was hätte ich machen sollen?" Ich habe ihm spontan meine Zigaretten gegeben. Obwohl ich damals schon geahnt habe, daß meine Eltern ermordet worden sind. Ich habe es noch nicht sicher gewußt, aber es war sozusagen sehr wahrscheinlich, daß sie den Krieg nicht überlebt haben. Sie sind im Bikerniekv-Wald bei Riga erschossen worden, einfache Zivilisten, hatten nie etwas Schlechtes getan. Das war mein Erlebnis mit der Waffen-SS. Später, als wir schon Deutschland besetzt hatten, habe ich mir gedacht: Was die gemacht haben, das dürfen wir nicht machen. Als ich zurückkam, habe ich geheiratet, bin mit meiner jungen Frau als Sergeant der englischen Armee nach Wien zurückgekommen. Natürlich ging ich zuerst in die Wohnung meiner Eltern. Das war Ende 1947, früher konnte ich nicht entlassen werden. In der Wohnung saß ein Ehepaar, die direkten Nachfolger meiner Eltern. Ich habe dann nachgeforscht, und man hat mir versichert, daß das so ist. Er war 1933 arbeitslos, trat illegal der NSDAP bei und wurde natürlich bevorzugt behandelt, eine Wohnung zu bekommen, die leer geworden ist – gewaltsam. Da habe ich gesagt: „Sehen Sie, ich will das nicht so machen, wie Ihr das gemacht habt. Ich komme mit meiner Frau, in englischer Uniform, zurück, und Sie sind so gut und suchen sich auch eine Wohnung. Bis dahin können wir in dieser kleinen Wohnung gemeinsam wohnen." Ich bin zurückgekommen, und nach einem

Monat mußte ich die Uniform ausziehen, und nach einem weiteren Monat kam eine Klage. Hat dieser Mann gewartet, bis ich ein Zivilist war und dann die Delogierung beantragt.

Ich habe mir gedacht, wir haben den Krieg gewonnen, jetzt werden wir sehen, ob wir eine Demokratie errichtet haben. Es ist zu einer Gerichtsverhandlung gekommen, und der österreichische Richter, das war nicht '44, sondern '48, 1948, stellte mir folgende Frage: „Sagen Sie, waren Sie zum Zeitpunkt der Verhaftung Ihrer Eltern in der elterlichen Wohnung?" Da habe ich gewußt, daß wir zwar den Krieg militärisch gewonnen haben, aber von Demokratie noch weit entfernt sind. Und das sind wir bis heute geblieben. Ja, so ist das.

Tragik, mein Leben lang

Es übertrifft das, was man bisher vermutet oder gewußt hat, wenn man sich damit befaßt. Ich kann – ich bin irgendwie – ich kann dazu gar nichts mehr sagen. Das alles anzusehen ist so gravierend für mich, weil ich lange Zeit auch daran geglaubt habe, daß viele nichts gewußt haben. Aber das glaube ich heute nicht mehr.

Wie haben Sie die Zeit damals erlebt?

Als Kind. Ich war bei Kriegsende noch keine zwölf Jahre alt. Aber mir war bewußt, daß es KZs gibt. Ich habe Gefangene hinter Gittern gesehen, ausgemergelte Menschen bei Lustdorf auf der Straße arbeiten. Und ich habe den Umgang von Menschen in meiner Heimatstadt Krems mit Gefangenen und Ostarbeitern gesehen. Es hat mich diese Tragik mein Leben lang begleitet.

Sie haben also in Ihrem Alter bereits so viel mitbekommen. Andere haben noch viel später gesagt: „Das hat es nicht gegeben. Das hat man nicht gewußt."

Ja. Aber es war mir damals schon bewußt – schon als Kind –, daß man darüber nicht sprechen konnte, und es hat mich viele Jahre belastet; z.B., daß ich jemanden flüchten gesehen und das verschwiegen habe. Und ich habe immer geglaubt: Der ist nie zurückgekommen nach Frankreich. Erst nach 25 Jahren habe ich erfahren, daß er damals zurückgekommen ist.

Ein Kriegsgefangener?

Ein Kriegsgefangener.

Ich schäme mich

Schauen Sie, ich bin Mitglied der Deutschen Wehrmacht gewesen, vom ersten bis zum letzten Tag. Ich habe den sogenannten Feldzug im Osten vom ersten bis zum letzten Tag mitgemacht, bin hinterher auch noch in sowjetischer Gefangenschaft gewesen und Ende '45 krankheitshalber aus der russischen Gefangenschaft entlassen worden. Ich möchte vieles weglassen, weil ich immer gefragt werde: „Na, warum habt Ihr zugeschaut?" Das frage ich mich bis zum heutigen Tag. Was hätte ein 20-, 25jähriger Mensch tun sollen, um dem zu entgehen? Man war Soldat, eine Desertion kam nicht in Frage, eine Flucht – wohin hätte man flüchten sollen? Was immer. Bei so einem Feldzug hat man etwas gesehen, wenn man nicht blind war, so wie der Herr vorhin. Und selbst, wenn er nur in der Nachrichtenabteilung war, so hat man etwas gesehen, wenn man vorgerückt ist und es ist einem plötzlich ein Transport entgegengekommen, auf dem 40, 50 Zivilisten zusammengepfercht saßen, die abgegangen sind. Man hat gewußt, die kommen jetzt in ein Gefangenenlager oder sonstwo hin. Es geschieht etwas mit ihnen. Während des Vormarsches in der Sowjetunion haben wir dieses Land zwei-, dreimal vernichtet: nach vorn, zurück, nach vorn; je nachdem, wie die Kampfhandlungen eben waren. Und wir hinterließen verbrannte Erde, so daß ich mich gefragt habe: Warum haben uns die Russen nicht alle erschlagen, für das, was wir Ihnen angetan haben. Ich spreche heute über diese Sache sehr leicht, könnte man meinen. Aber ich weiß bis zum heutigen Tag keine Antwort darauf, was ich hätte anders machen können, um diesem Inferno zu entgehen. Ich weiß keine Antwort darauf.

Zum Beispiel zu den Sowjets ... Zunächst einmal gab es die Sprachbarrieren. Was hätte eine Desertion zu den Russen genützt? Gar nichts. Entweder sie hätten einen sofort erschlagen, weil sie einen Haß auf einen gehabt haben, das ist mir ganz klar. Und ich konnte mich in dieser Sprache nicht ausdrücken, ich spreche Deutsch, der spricht nur Russisch, was ... was soll ich sagen? Soll ich jetzt sagen, ich bin ein aufrechter Demokrat? Das ist vollständig sinnlos. Ich meine, ich bin im September '38 eingezogen worden, da war noch Frieden hier in Wien. Dann bin ich nach Deutschland gekommen, ein Jahr lang zur Ausbildung, und dann hat der Krieg begonnen, und man war dabei. Was hätte man anders machen sollen? Können Sie mir eine Antwort sagen? Ich meine, es sagen viele, wärt ihr doch geflüchtet oder so. Es kann doch ein ganzes Volk nicht flüchten. Wohin denn? Ich meine, für mich war von Anfang an die Okkupation Österreichs eine Besetzung und keine „Heimholung ins Reich". Warum? Weil ich

sozialdemokratisch erzogen worden bin. Während meiner Kindheit
war ich bei der Sozialdemokratie, bei den Kinderfreunden, bei
den Roten Falken. Ich bin erzogen worden als sogenannter
Linker, nicht wahr? Infolgedessen hat mir damals das christlich-
soziale Regime nicht gefallen und schon gar nicht die Nazis, als
die gekommen sind. Aber einen Ausweg aus dem Dilemma wußte
ich nicht, und ich weiß ihn bis zum heutigen Tag nicht. Und
wenn ich das hier sehe, ich weiß nicht mehr, wohin ich mich
noch schämen soll.

Kalter Krieg

So habe ich damals versucht, Überlegungen anzustellen: Weiß ich
eigentlich, welches Übel das größere ist? Ich weiß es eigentlich
nicht. Jetzt habe ich versucht, mir zu helfen. Wieso muß ich da
jetzt mittun? Vielleicht ist der Stalin das größere Übel. Ich weiß es
eigentlich nicht genau. Das heißt aber noch lange nicht, daß ich
mir dann gesagt hätte ... wenn das das größere Übel ist, dann
Hurra. Das auf keinen Fall, aber es diente doch irgendwie zu meiner
moralischen Beruhigung. Vielleicht ist das noch ärger. Also ... vielleicht ist der Krieg in gewisser Weise doch ... notwendig oder so.
Nur haben die Russen nicht angegriffen.
Ja, das ist klar. Das ist für mich klar gewesen. Da war ich nie im
Zweifel. Aber wenn Sie sich die Nachkriegszeit ... Ich weiß nicht,
ob ich das auch erwähnen soll, aber da wurde doch sehr bald im

Kalten Krieg einiges berührt, wie furchtbar alles ist, das System und der Stalin und ... Und was die jetzt noch immer machen, die erschießen die Leute, die da herauswollen etc. Die ganze Nachkriegsberichterstattung, der sogenannte Kalte Krieg, war ja wahnsinnig nahe ... ich würde nicht sagen zur Rechtfertigung Hitlers, aber doch zu einer gewissen Entlastung. Damit will ich nicht sagen, es wurde Hitler gerechtfertigt und so, aber durch die starke Propaganda im Kalten Krieg gegen Rußland und Stalin konnte so mancher auf die Idee kommen: Na ... eigentlich hätten wir ja damals die Chance gehabt, das zu erledigen.

Sie meinen, wenn die Wehrmacht den Krieg gewonnen hätte?

Ja, nicht? Und ich weiß ja nicht, was an dem Ausspruch dran ist, aber man hat kolportiert, Churchill hätte gesagt: „Da haben wir das falsche Schwein geschlachtet". Ich weiß aber nicht, ob das wahr ist.

Nicht gewußt – gewußt

(1): Schon beim RAD haben wir das mit eigenen Augen ... mit eigenen Augen über den Zaun das gesehen. Aber ich werfe niemandem vor, daß wir das gesehen haben, sondern, daß man im Jahre '46 zu Hause, wenn man davon sprach, von den Kameraden, die das auch gesehen haben, gehört hat, es wäre nicht gewesen.

(2): Erst da hat man erfahren, daß es das gegeben hat. Wir haben das nicht gewußt, an der Front.

(1): Ich sage es noch einmal. Ich habe es schon beim RAD gesehen und zwar mit meinen eigenen Augen, und meine einstigen Klassenkameraden und späteren RAD-Kameraden haben es auch gesehen.

(2): Es war eine gewisse Minderheit, die im Hinterland ihre Militärzeit verbracht hat. Anders kann das nicht sein.

(1): Mein Gott, im Hinterland die Militärzeit! Zuerst war der RAD und dann das Militär, und schon beim RAD haben wir das gesehen.

(2): Ich habe bei uns an der Front keine RADler gesehen. Einen Arbeitsdienstmann hat es nicht gegeben an der Front.

(1): Es war ja auch nicht an der Front. Ich rede jetzt nicht von der Front. Beim Arbeitsdienst vor dem Militär haben wir KZs gesehen.

(2): Ja, weil Sie ja praktisch im Hinterland waren.

(1): Und das Besondere an dem, daß wir es gesehen haben, ist ja nicht, daß wir es gesehen haben, sondern, daß viele dann im '46er Jahr gesagt haben: Das war nicht, das haben wir nicht gesehen.

(2): Wenn sie vorn an der Front waren, haben sie es ja gar nicht gewußt.

(1): Herrgott nocheinmal! Zuerst waren wir beim RAD und nicht an der Front. Da waren wir in Schlesien. In meinem Fall in der Nähe ...

(2): (lacht) Kein einziger Mann mit einem Spaten ist an der Front zu einer kämpfenden Truppe eingezogen worden.

(1): Gewiß, Gewiß. Was gibt es da zu lachen? Zuerst waren wir beim RAD und danach auch an der Front. Aber als wir beim RAD waren, haben wir schon KZs gesehen. Und zwar mit Leuten, die ich von zu Hause gekannt habe. Und als ich dann im '46er Jahr mit den gleichen Leuten – das waren ja meine Klassenkameraden – über das gesprochen habe, was wir beim RAD gesehen haben, haben sie genauso wie Sie jetzt gesagt ...

(2): Da bräucht er ja nicht einmal lügen, wenn er es nicht gewußt hat.

(1): Was er gesehen hat, hat er gesagt, hat er nicht gesehen.

(2): Wollen Sie jetzt alle anschwärzen und sagen, daß alle Verbrecher sind, die vorne an der Front waren?

(1): Herr!

(2): Ich hätte Ihnen gewünscht, in den Kolmer Sümpfen zu lie-

gen oder in Nikiluki, dann hätten Sie nicht gewußt, daß es ein KZ gibt.

(1): Es tut mir leid, aber jetzt habe ich es Ihnen so deutlich gesagt, wie ich es nicht deutlicher sagen kann. Und Sie verstehen es noch immer nicht. Es tut mir leid, Sie sind dumm.

(2): Ich verstehe nicht, was sie gesehen haben.

(1): So ... (geht weg)

(2): Spricht er von Frontsoldaten?

(1): (kommt wieder zurück) Na ... Ich bin oberschenkelamputiert (zeigt sein Bein) – ich war auch Frontsoldat, aber zuerst beim RAD und danach Frontsoldat. Es geht alles daneben, was Sie sagen, wenn Sie betonen, Sie wären Frontsoldat gewesen und ich nicht, dann geht das daneben. Ich bitte schön.

(2): Ich weiß, wann Ihr Jahrgang eingerückt ist – und wann unser Jahrgang eingerückt ist.

(1): Ihr Jahrgang, und meiner halt auch.

(2): Ich will damit ja nur behaupten, daß der Frontsoldat von dem nichts gewußt hat.

(1): Ja, und das ist ein Blödsinn.

(2): Und heute wird er verdächtigt, daß er ein Verbrecher war.

(1): Das nicht. Aber er hat es gewußt. Gewußt haben wir es alle – und dann heißt's immer: das ist ein Ausnahmefall, der war kein Frontsoldat und so weiter ...

(2): Meine ganze Kriegszeit habe ich keinen Juden gesehen, keine Deportation und kein Konzentrationslager. Wir haben im '45er Jahr in der Heimat erfahren, daß es das gegeben hat. Aber nicht so wie Sie. Arbeitsdienst war bei mir im Hinterland. Und die im Hinterland waren eigene Einheiten, die das wahrscheinlich gemacht haben und verantwortlich sind, daß man heute zehn Millionen anprangert. Sie sind verwundet worden und reden noch so einen Blödsinn.

(1) zuckt mit den Schultern und geht weg.

Jenseits des Krieges, 113 Minuten, Farbe, Österreich 1996

Produktion: Josef Aichholzer

Kamera: Peter Roehsler

Montage: Gertraud Luschützky

Das Drehtagebuch

Der Film „Jenseits des Krieges" wurde in der Ausstellung „VERNICH-TUNGSKRIEG – Verbrechen der Wehrmacht 1941 bis 1944" vom 18. Oktober bis 22. November 1995 in Wien gedreht. Fünf Wochen lang wurden 200 Personen interviewt und 46 Stunden Video Hi8 Material aufgenommen. Aus diesem Material wurden 117 Minuten Film montiert. Filmbild und Ton bleiben von Anfang bis Ende in der Art eines Kammerspiels in den Räumen der Ausstellung. Während der Montage entschloß ich mich, weder mit Kommentartext noch mit Musik oder Graphik in den Film einzugreifen. Über meine Gedanken und Gefühle während der Dreharbeiten erfährt man demnach wenig. Einblick in die Dreh-Situation gibt das in den Pausen während der Dreharbeiten geführte Tagebuch.

18. Oktober

Eröffnung der Ausstellung. Nach einem ersten Rundgang sagt ein Freund: „Wir leben unter Mördern. Wir haben es immer gewußt und verdrängt; jeder muß sich nun fragen, woran sein Vater, sein Großvater, seine Onkel beteiligt waren. Und auch wenn er es zu wissen vermeint, kann man nicht feststellen, ob sie was getan haben oder nicht."

Krieg sei ein Gesellschaftszustand, sagt Jan Philipp Reemtsma in seinem Eröffnungsreferat. Auch im kriegerischen Zustand sei es für eine Gesellschaft von Belang, welche Grenzen sie zwischen erlaubtem und unerlaubtem Verhalten ziehe. Die Ausstellung zeige den Zustand der deutschen und österreichischen Gesellschaft vor 50 Jahren. Die Reaktionen auf diese Ausstellung spiegelten die seelische Verfassung dieser Gesellschaft in unserer Gegenwart.

Kein österreichischer Politiker eröffnet. Der Verteidigungsminister pflegt nostalgische Kontinuität am Ulrichsberg, kritischer Aufarbeitung stellt er sich nicht.

Der ORF bringt einige Sendungen, darunter ein „Zur Sache", die Eröffnungsrede Johannes Mario Simmels läßt er sich jedoch entgehen. Simmel spricht von den ehemaligen Soldaten, die immer sagen, sie hätten nur ihre Pflicht getan: „Das nur fehlt nie", sagt er. „Sie hätten nur ihre Pflicht getan. Sie sollen doch einmal sagen, was ihre Pflicht war."

19. Oktober

Wir filmen Interviews mit Hilberg und Messerschmidt. Hilberg sagt, für die Opfer sei es ganz egal, ob sie von der Wehrmacht oder der SS umgebracht wurden. Und wer welche Uniform trug. Doch das könnten SIE – die Österreicher, die Deutschen, die anderen – nicht verstehen.

22. Oktober

Wir drehen seit vier Tagen mit den Besuchern. Heute morgen kamen zwei, die sich über die Ausstellung empörten, ohne sie auch nur anzusehen. Sie hätten kein Geld bei sich ... Also blieben sie beim Eingang stehen und schimpften von Verleumdung ...

Ein Veteran war heute, am vierten Tag, bereits zum zweiten Mal da. Warum?

Wie wirkt Aufklärung? Die Menschen scheinen mit der gleichen Grundeinstellung hinauszugehen, mit der sie gekommen sind. Die Bilder des Grauens: Lachende Soldaten lassen sich neben Erhängten knipsen; Soldaten machen sich einen Spaß daraus, alten Juden die Bärte abzuschneiden oder auszureißen – die Bilder ändern nichts, sie bestärken die einen in ihrer Erschütterung, die anderen in ihrem trotzigen Festhalten daran, daß „Krieg eben Krieg sei" und die Russen mindestens so grausam gewesen wären.

Am unheimlichsten aber sind die Wankelmütigen, die sich jeder Mehrheitsstimmung anpassen. Hier sind sie erschüttert, am Stammtisch spielen sie die großen Helden.

Gesichter sprechen, Gesichter täuschen.

Wir täuschen uns oft, wenn wir unsere Gesprächspartner auswählen. Der dort, war der Offizier? Nein. Antifaschist? In diesem Fall entpuppte sich der Mann als Monarchist, der es schaffte, sich während des ganzen Krieges in einem Lazarett herumzudrücken.

Endlich ein höherer Rang nach den vor Selbstmitleid triefenden „kleinen Landsern": Der Offizier Harald Mildner. Schneidig, wie man sich einen deutschen Soldaten vorstellt. Die sechste Generation Militärs in der Familie. Stammt ursprünglich aus Schlesien an der polnischen Grenze, studierte aber bereits als Jugendlicher in Wien. Nach dem Krieg stieg er gleich in die Wirtschaft ein. Die Photos lassen ihn kalt, er spricht ausschließlich von den „sogenannten Greueltaten". Nichts passierte, das mit seiner Soldatenehre nicht zu vereinbaren sei. Nichts.

„Zivilisten wurden in jedem Krieg erschossen", sagt er. „Als Denkzettel. Wenn deutsche Soldaten angegriffen wurden, kannte man gar nichts. Dann wurde nach einem Schema – 1:10 oder 1:20 – erschossen. Meistens borgte man sich Leute aus den Dörfern aus, aus denen die Angreifer kamen ... Plündern war strengstens verboten. Saubere Wäsche durfte sich der Soldat von den Russen nehmen – falls er dort etwas Sauberes fand –, aber nicht die Kopekensammlung ..."

Die schwere Arbeit des Krieges und der Vernichtung sollte eben, wie Hilberg sagte, kein Vergnügen sein.

Ich führe den Offizier zu den Photos, auf denen man sieht, wie Soldaten Juden „aus Hetz" auf einem Dorfplatz zum Baden in ein riesiges Faß werfen. Er zuckt nicht mit der Wimper. Er meint, man müßte wissen, was danach mit denen passiert sei. „Wenn man sich nur ein bißchen mit denen vergnügt hat ... na ja."

Omer Bartov schreibt: „Ganz anders als Verstöße gegen die eiserne Disziplin im Gefecht wurden Verbrechen, die Soldaten unerlaubt am Feind begingen, jedoch nur selten geahndet, zum einen deshalb, weil die Vorgesetzten solchen Aktionen im Grunde wohlwollend gegenüberstanden, zum anderen, weil sie ein willkommenes Ventil darstellten für die Wut und Frustration, die sich, bedingt durch die strenge Disziplin, die steigenden schweren Verluste und die Aussichtslosigkeit des Krieges, in den Männern aufgestaut hatten."

23. Oktober

Immer die gleichen Geschichten: Nichts gesehen, nichts gehört. Krieg ist Krieg, und Krieg ist schrecklich.

Was zieht die Alten hierher? Wie erotisch ist ihr Verhältnis zu diesen Bildern? Ein intimes Verhältnis ist es jedenfalls, das den Reiz des Verbotenen hat und deswegen seinen Reiz nicht verliert. Was waren das für Väter? Was gaben sie ihren Söhnen mit?

Eine Frau sagt: „Verleumdung ... Mein Mann war auch im Krieg und ist kein Verbrecher ... Man weiß ja, daß sich die SS Wehrmachtsuniformen anzog ..."

Irgendwann wird man uns noch weismachen wollen, die Soldaten seien eigentlich verkleidete Juden, die das deutsche Volk ausrotten wollten. Nicht einmal Photos sind vor Interpretationen geschützt.

So absurd es ist, einzig die Ermordung der Juden wird heute nicht mehr (noch nicht wieder?) verteidigt. Hier hat massive 'Aufklärung' (also Hollywood) zumindest ein Tabu erzeugt, während sich an der Einstellung zur Vernichtung der „bolschewistischen Führungsschicht" (der Kommissare), der „Freischärler" und Partisanen – sie werden auch heute als „Banditen" bezeichnet – nichts änderte.

Im Gegenteil. Indem sie die Judenvernichtung als „entsetzlich" bezeichnen, also der Verurteilung des Schlimmsten zustimmen, gewinnen sie die Freiheit, alles andere mehr oder weniger zu entschuldigen oder gar zu verteidigen.

24. Oktober

Heute klebte ein Aufkleber der „Bajuwarischen Befreiungsarmee" an der Eingangstür.

Viele Männer sind schon vor 14 Uhr da. Die meisten allein oder mit einem Freund. Paare sind ganz selten. In der Ausstellung herrscht Stille. Die Stille hat nicht nur damit zu tun, daß viel gelesen werden muß. Wer steht neben wem? Auch heute ist der einzelne feig, solange er allein ist. Mutig wird er im Kreis seiner Kameraden. Leere im Ausstellungsraum über das „Verwischen der Spuren". Hier sind keine Bilder, nur Texte zu sehen. Die Leute kommen Bilder schauen. Was passiert beim Betrachten der Photos? Erkennt er jemanden? Orte? Erinnerungen? Lust, Scham, Leid? Schöne Zeit? Jugend, „ein bißchen Vergnügen"?

Auch die Anständigen schweigen, um die neben sich nicht zu provozieren. Stille.

Um 15.30 kommt die Polizei. Vier Polizisten warten auf die Spurensicherung. Die entfernt den Aufkleber von der Glastür, föhnt, löst mit Gummihandschuhen das Papier ab und verpackt es in Plastik: „Bajuwarische Befreiungsarmee. Wir wehren uns." Links oben in der Ecke ein blaues A.

Auf 100 Männer kommen fünf bis zehn Frauen. Eine ältere Frau sagte heute: „Das hier ist ein Männervergnügen. Die kommen her, um ihr Mütchen zu kühlen. Die Frauen sind noch immer dumm. Die haben noch immer nicht begriffen, daß sie das was angeht."

Die Gesten der Alten. Ein alter Mann greift den anderen am Arm an. Schulterklopfen. „Ach, waren wir doch klasse Burschen." Diese fast mitleiderregenden Alten. Medizinisch überversorgt, psychisch verlassen und verkrüppelt. Aber was haben diese Väter ihren Kindern mitgegeben? Und was kommt aus diesen Kindern erst so richtig raus, wenn die Väter tot sind?

Heute starb mein Onkel Hermann Sommer in Israel. Er war Bäcker. Ein kleiner sanfter Mann. Er überlebte Transnistrien, Mogilew. Er buck Brot aus allem, was er finden konnte. Soviel er konnte, für so viele Hungrige wie möglich. In Israel kamen immer wieder Überlebende zu ihm und dankten ihm. Er war ein „Mensch". Das ist einer, der – woher er auch kommt, ob er arm ist oder reich, in welcher Situation auch immer – das erfüllt, was über die biologische Zugehörigkeit zur menschlichen Spezies hinausreicht: ein Mensch zu bleiben. Aber wie viele jiddische Ausdrücke läßt sich auch dieser nicht erklären.

Noch immer taucht kein einziger Politiker auf. Wahlkampf. Die „Kronen-Zeitung" schweigt. Irgendwann, bald mal wird sie von den Schreckenserlebnissen „unserer Landser" in russischer Kriegsgefangenschaft berichten.

25. Oktober

Bisher gefilmtes Material angesehen. Da sind sie wieder, die Männer, die ich vor zehn Jahren während des Waldheim-Wahlkampfs drehte. Ich kann sie nicht mehr hören. Ich will ihnen nicht das Wort geben. Schließlich sind sie nicht meine Väter. Sie machen mich ungeduldig, ich unterbreche, wenn sie lange von ihrer Gefangenschaft und ihrem Elend reden. Manche laden uns in ihre Wohnungen ein, um Kriegsalben anzusehen. Danke nein; hier zwischen diesen Photos an weiß gekachelten Wänden, hier im Neonlicht, will ich sie filmen.

Öffentlich ist es geschehen, in der Öffentlichkeit sollen sie darüber reden.

Immer die Vergleiche: mit den Grausamkeiten der Roten Armee, aber auch denen der Engländer, Franzosen, Amerikaner – und immer wieder Dresden. Bis heute keine Verschiebung der Werte. Wenn alle es getan haben, beruhigen sie sich, sei es nicht so schlimm. Irrealisierung der Kriegs- bzw. NS-Zeit. Sie sind unfähig, normale ethische Bewertungen (gut, böse, Mitleid) auch auf diese Zeit anzuwenden.

In zwei Punkten herrscht bei fast allen Veteranen Einstimmigkeit:
· Der Rußland–Angriff war in Ordnung.
· Zivilisten-Erschießungen waren normal.

26. Oktober

Fünf Burschen und zwei Mädchen, 18jährige aus einem feinen Bezirk, Hietzing oder Grinzing. Sehr belesen; kennen die Bücher von General Mannstein etc. rauf und runter. Warum interessieren sie sich so sehr für Militärgeschichte, Uniformen? Denke an Sartres „Kindheit eines Chefs". Der Junior lernt argumentieren, lernt, die eigene Klasse zu verteidigen. Zu Hause die einschlägige Literatur, Diskussionen, da schweigt man nicht. Die alten Herrn reden, 'gute' Familie. Auf vielen Photos sehe man SS oder SD, keine Wehrmacht. Außerdem könne man nicht von Vernichtungskrieg sprechen. Es sei darum gegangen zu erobern, aber nicht darum, die Bevölkerung zu vernichten. Ganz im Gegensatz zu Stalin, der den

Mittelstand hätte ausrotten wollen. Auf die Vernichtung der Juden muß der junge Herr erst hingewiesen werden.

Ein Kärntner berichtet: Der Gendarm, der während der NS-Zeit bei der Gestapo war und noch kurz vor Kriegsende selbst einem Polen den Schemel unterm Galgen wegtrat, sei nach '45 zwei Jahre aus dem Dorf verschwunden, dann sei er Chef der Gendarmerie geworden.

Er erzählt auch von Verwandten, die zwei behinderte Kinder hatten, die „abgespritzt" wurden. Ich frage, ob die Eltern danach Antifaschisten wurden. „Aber wo", sagt der Mann.

27. Oktober

So mancher Alte geht dreimal am Eingang zur Ausstellung vorbei, schaut sich öfter um, ob er auch nicht gesehen wird und huscht dann rasch hinein. Kameramann Peter Roehslers Theorie: „Wer nicht geschossen hat, geht direkt hinein. Wer geschossen hat, muß Auslagen anschauen oder zum Wirt gehen und sich Mut antrinken."

Pornojäger Martin Humer taucht auf, schaut sich kaum um und regt sich schon über die „Verleumdungen" auf: „Geht's am Fleischmarkt zu den Abtreibern und schaut's euch an, wie dort das ungeborene Leben gemordet wird … Die Russen wären heute am Atlantik, hätten wir sie damals nicht aufgehalten …"

Eine etwa 45jährige Frau mit Tränen in den Augen: „Das kann nicht stimmen, was hier gezeigt wird … es können nicht alle schuldig sein … meine Onkel waren keine Mörder …"

Wir beobachten einen Mann mit Trachten-Spitzhut und Regenmantel (beides läßt er an), der alles liest und ganz lange ansieht. Mehr als zwei Stunden vergehen. Dann setzt er sich noch eine Stunde vor's Video. Beinahe entwischt er uns.

Der erste, der Mitgefühl mit den Opfern zeigt. Er spricht von Mauthausen und von Dresden, das er jedoch in eine Chronologie einbettet: Zuerst bombardierten die Deutschen, dann kam Dresden. Er war drei Monate in Polen beim Reichsarbeitsdienst und hat gesehen, wie man den Polen auf den Kopf schlug, weil sie nicht vor deutschen Soldaten salutierten.

28. Oktober

Streitgespräch zweier alter Männer:

Der eine, beinamputiert, berichtet, daß er während seines Einsatzes beim RAD in der Nähe des KZ Groß-Rosen gearbeitet habe. „Auf der einen Seite des Zauns haben wir gearbeitet, auf der anderen waren die KZler."

Der andere beteuert, er habe nichts gesehen, da er ständig an der Front gewesen sei.

Darauf der erste: „Mit meinen eigenen Augen hab' ich's gesehen, und es war normal, was zu sehen. Abnormal war, daß meine ehemaligen Kameraden und meine Mitschüler, die das mit mir gesehen haben, bereits 1946 sagten, sie hätten nichts gesehen und nichts gewußt." Worauf der erste ihn zu beschimpfen beginnt: „Bist beinamputiert und redest einen solchen Blödsinn ..."

Wer sich nicht an die vereinbarten Codes hält, ist ein Verräter. Wahrscheinlich entstanden die Codes, wie man über diese Zeit zu sprechen und zu schweigen habe, bereits mitten in Niederlage und Zusammenbruch, festigten sich dann in den Kriegsgefangenen-Lagern und bewährten sich in der Heimat, angereichert durch Legenden vom armen, überfallenen, österreichischen Volk.

29. Oktober

Nebel. Allerheiligstes Grau.

Kälte draußen, Kälte in der Ausstellung auf den Gesichtern der Zuschauer: der Zuschauer auf den Photos, der photographierenden Zuschauer, der Betrachter der Photos.

Heute gab's einen „Herrn Karl in Jugoslawien". Nichts gesehen, nichts gewußt, aber über die Banditen, die aus den Fenstern geschossen hätten, hergezogen. Daraufhin sei man mit Panzern ins Dorf hinein und habe es angezündet. Ein Herr (aus Serbien?) tritt ins Bild und fragt ganz ruhig: „Wer hat sie denn eingeladen?" Herr Karl versteht nicht. „Wer hat sie denn eingeladen, nach Jugoslawien zu kommen?"

Darauf der Herr Karl: „Na, Sie san lustig."

Ingeborg Bachmann schreibt von den höflichen und zivilisierten Mördern. Sie hat die Verwandlung der Mörder und Irren in Ärzte, Gendarmen, Väter miterlebt und miterlitten bis zum Tod.

„Brut" nannte der Österreicher Franz Riedl die 90 Kinder, die er erschießen ließ.

Meine Freundin N. meint, es sei zumindest ein wenig gerecht, wenn die Frau, die um ihre Onkel weinte, nicht wisse, ob diese Verbrecher gewesen seien oder nicht. Von den toten Opfern wisse man auch oft nicht, unter welchen Umständen sie gestorben sind.

Das Aufrechnen hört nie auf, der Graben zwischen uns, den Kindern, Enkeln, Urenkeln der Opfer, und ihnen schließt sich nicht.

Hundert Jahre dauert es, sagen die Psychoanalytiker, bis die Nachfahren keine emotionale Verbindung der Ahnen mit den eigenen Eltern mehr herstellen.

Bis dahin machen wir's Kafka nach, der sagte, er schreibe seine Geschichten, um sie aus dem Sinn zu verscheuchen.

4. November

Wie Beamte fahren wir jeden Tag an unseren Arbeitsplatz. Jeden Tag gefällt mir das sogenannte 'Russendenkmal' am Schwarzenbergplatz besser. Die Truppen, die Wien befreiten, konnten vom ganzen Ausmaß der Verwüstung und Vernichtung ihres Landes noch nichts gewußt haben. Sonst hätten sie sich zu den Deutschen und Österreichern wohl anders verhalten. Nicht die Vergewaltigungen sind erstaunlich, sondern das Ausbleiben weiterer Vergeltungs- und Rachemaßnahmen.

Gestern sagte einer: „Ich wundere mich, daß die Russen uns nicht alle erschlagen haben für das, was wir ihnen angetan haben."

5. November

Eine Frau – Kindergärtnerinnen-Ausbildung in der NS-Zeit – berichtet, daß die Eltern eines Buben, der „abgespritzt" wurde, geschwiegen hätten. Das ist die dritte, die ähnliches erzählt. Was sind das für Menschen?

Denke an unsere Professorinnen im Gymnasium. Sie haben auch ihre Ausbildung während der NS-Zeit erhalten, dann vielleicht einige Jahre pausieren müssen, dann waren sie unsere Lehrerinnen.

Zwischen Verhör und Mitleid. Ich muß mir den kalten Blick bewahren. Wie filmt man Feinde? Feinde: Heute sind sie alte Männer, in keiner Weise gefährlich.

Wie immer sie sich jedoch damals verhielten, sie gehörten der Tätergesellschaft an. Potentiell waren alle Juden Opfer, denn alle – alle – Juden sollten ausgerottet werden, im ganzen Machtbereich der Deutschen, und das hieß letztlich auf der ganzen Welt. Potentiell waren sie damals alle Täter oder bystanders. Bystanders; nicht nur Zuschauer. Beisteher, Beistand leisten ...

Meine Augen sehen die alten Männer, die Photos aus ihrer Jugend betrachten. Die danach eine, in ihren Augen, junge Frau ansehen. Eine, die keine Ahnung hat, die aber da ist, die wissen will, die fordert, die kein Mitleid hat, die nichts gelten läßt, was man sich danach zurechtgelegt hat. Die einen so sehen will, wie man vielleicht damals war. Als man jung war. Die einen ganz einfach als Teil der Wehrmacht, Teil des Deutschen Reiches sieht. Nicht als Kriegsgefangenen und Kriegsverlierer und Wiederaufbauer. „Bleib dort, bleib bei den Photos", fordert die Frau, die noch dazu eine Frau ist und von Militärsachen keine Ahnung hat.

Der moderne Dokumentarfilm ist ein Kind der 70er Jahre. Voller Utopie, voller Hoffnung. Wir waren stets auf seiten der Unterdrückten, aller Opfer dieser Welt und im wesentlichen waren unsere Filme auch Sympathiewerbung für sie. Seit 1989 sind alle Filme neu zu drehen, alle Themen neu aufzugreifen. Die Chance des Dokumentarfilms ist der kalte Blick, die Beobachtung, die Analyse.

Trotzdem: Wie filmt man Feinde? Ich muß ein intimes Verhältnis mit ihnen herstellen, wenn auch nur für kurze Zeit, solange die Kamera läuft. Früher verglich ich die Interviewsituation mit einer Verliebtheit, bei der ich mich ganz und gar auf mein Gegenüber konzentriere, während die Welt rundherum versinkt. Diese Partner liebe ich nicht. Es ist eine Gratwanderung. Ich muß sie filmen, ohne sie zu denunzieren und ohne mit ihnen eine opportunistische Komplizenschaft einzugehen.

8. November

Zu Beginn des Buches „Die helle Kammer" berichtet Roland Barthes von seiner Erfahrung, als er auf eine Photographie des jüngsten Bruders von Napoleon, Jérôme, aus dem Jahr 1852 stieß. Damals sagte er sich: „Ich sehe die Augen, die den Kaiser gesehen haben."

Ähnlich erging es mir, als ich die Photos von den Verbrechen der Wehrmacht sah: Ich sehe die Augen, die die Gemarterten, Gehängten, Gedemütigten gesehen haben. Ich sehe, wie sie sie gesehen haben. Sie sahen sie mit großer Freude, mit Lust, mit jugendlichem Übermut.

Sicherlich wußten wir, daß die Wehrmacht nicht unschuldig war, sondern sehr wohl beteiligt an der Durchführung der NS-Vernichtungspolitik. Ginge es allein darum, würde die Ausstellung nicht eine solche Diskussion, ja fast schon Hysterie, auslösen. Was erschüttert, ist das Medium Photographie. Photos sind Belege dafür, daß es so war. Belege, die keine Zeichnung, keine Erzählung und auch kein Filmmaterial bietet.

Die Photos halten den ehemaligen Soldaten die Wirklichkeit vor Augen. Sie geben den verschwimmenden eigenen Bildern wieder Schärfe und zerreißen die Schleier, die sich in den vergangenen 50 Jahren gebildet haben. Dagegen kommt keine Sprache an. Da ist nichts zu leugnen. Eine große Anklage. Darum gehen die meisten hin: um zu sehen, ob sie selbst auf einem der Photos zu erkennen sind. Die Angst vor der Aufdeckung begleitet sie.

Ich sehe die Augen der inzwischen alten Besucher, die Augen der ehemaligen Soldaten, die diese Photos sehen. Wiedersehen. Denn viele solche und ähnliche Photos haben sie ja während und nach dem Krieg gesehen, mit Kameraden, in Alben geklebt ...

Was verwirrt sie so? Nicht das Wissen. Auch sie wußten damals und wissen seither von den Fakten. Es muß die Konfrontation mit ihren damaligen Gefühlen sein; das Sehen der Augen der Soldaten, die damals photographierten. Denn diese Photos sind Belege nicht allein für die Verbrechen, sondern auch für die Begeisterung der Mehrheit der Soldaten: lachende Soldaten hinter und vor der Kamera.

Und das Unvermittelte der Photographie. Wie ein Schlag ins Gesicht: Die Erschießungen, die Erhängungen, die Deportationen hat es gegeben. Punkt. Barthes spricht von der Wirkung eines Photos von einem Sklavenmarkt (im Unterschied zu einem Stich oder einer Zeichnung). Das Photo beweist, daß es den Sklavenmarkt mit Bestimmtheit gegeben hat. Es ist „(…) keine Frage der Genauigkeit, sondern der Wirklichkeit: Der Historiker war nicht mehr der Vermittler, die Sklaverei wurde ohne Vermittlung wiedergegeben, das Faktum ohne Methode angesiedelt."

Die ehemaligen Soldaten bezeugen noch einmal, was die Photos unmißverständlich zeigen: daß die Verbrechen dieses Krieges Wirklichkeit gewesen sind. Und sie stellen eine Verbindung zu den Toten her, die sie gesehen haben, eine Verbindung zu einer Welt, zur Welt des Ostjudentums, die sie noch gesehen haben, während sie sie zerstörten. Die Aussagen der ehemaligen Soldaten bezeugen die Verbrechen „nicht durch historische Belege", sondern – wie Barthes schreibt – „(…) durch eine neue Art von Beweisen, die – obgleich es sich um Vergangenheit handelt – in gewissem Sinn experimentelle und nicht mehr nur logisch erbrachte sind: Beweise im Sinne des heiligen Thomas, der den auferstandenen Christus berühren wollte."

Das Wesentlichste an diesen Männern ist, daß sie in immer neuen Variationen sagen: Es stimmt, diese Verbrechen sind geschehen, sind Wirklichkeit.

Es ist beunruhigend, daß wir diese Zeugen benötigen, obwohl doch längst alles bewiesen ist. Ja, daß sie ʼglaubwürdigerʼ zu sein scheinen als die Opfer.

Was heißt das? Kämpfen wir ständig gegen den Revisionismus an?

15. November

Immer wieder die Frage: Warum wird ein Mensch so oder so? Warum erzählt er so oder so? Denn wie aus den Gesprächen deutlich wird, gab es eine Wahl. Nicht um die bis zum Überdruß wiederholte Feststellung – „Was hätten wir denn machen sollen, wir mußten ja in den Krieg" – geht es, sondern um die vielen kleinen Entscheidungen. Auch als Soldat war man nicht nur Objekt mörderischer Befehle, sondern jeder Landser bestimmte aktiv den Grad der Grausamkeit gegen die Zivilbevölkerung mit, und er trug sie mit. Zu Erschießungen mußte man sich freiwillig melden. Meldete man sich nicht, geschah einem nichts, keine Strafen, allerdings auch keine Belohnung, wie Urlaub oder Eisernes Kreuz.

„An der Ostfront", schreibt Omer Bartov, „erreichte die fortschreitende ideologische Durchdringung der Armee ihren Höhepunkt: Die Truppe wurde auf der einen Seite dazu angestachelt, mit außerordentlichem Einsatz zu kämpfen, auf der anderen, beispiellose Verbrechen zu begehen."

Die Vorstellung, die Kriegsschuld wäre nach der Niederlage verdrängt worden und käme durch Aufarbeitung wieder hervor, scheint mir falsch zu sein. Die Verdrängung beginnt nicht danach. Es ist falsch zu glauben, daß sich 1945 schlagartig ein Tabu bildete. Bereits in der aktuellen Situation gab es Hinschauen oder Wegschauen, Mitmachen oder Verweigern. Sehen und Wissen, der Zusammenhang von Sehen und Wissen – Voir et Savoir – ist das Thema des Films. Was hat man gesehen? Oder was hat man gesehen und trotzdem nicht gewußt?

Warum sah der kleine weinende Herr Bowman die Waggons mit den russischen Kriegsgefangenen am Bahnhof von Minsk, bei 40 Grad Hitze, wo jeden zweiten Tag die Toten rausgeworfen wurden? Und sein Kamerad neben ihm sah sie nicht. Nahm sie nicht wahr, weil er vielleicht mit der Überlegung beschäftigt war, wo er was zu essen bekommen wird oder weil er die Behandlung der Soldaten normal fand ... Vorurteile, Angst und Brutalität vermischten sich. Bowman sagt: „Sie haben es gesehen, sie haben es aber anders gesehen als ich, sie haben es nicht gesehen."

Erst durch den kleinen Herrn Bowman wird mir klar, was die meisten so furchtbar verbindet: Ihre Unfähigkeit, sich in andere hineinzuversetzen, sich vorzustellen, wie die Polen und Russen sie wahrgenommen haben. Ihr Mangel an Empathie.

17. November

Typen.

DER FEIGLING UND MITMACHER:

davor und danach Sozialist oder Katholik, das Dazwischen irrealisiert.

DER UNGEBROCHENE:

Nazi eh und je und immer noch oder echter Antifaschist eh und je.

DER SCHWEJK-TYP:

Wiener Typ im positiven Sinn.

DER AUSSENSEITER:

Individualist; besitzt eine gewisse Immunität, die zum Teil aus der Erziehung kommt, zum Teil einfach Glück, Charakter, Gene oder sonstwas ist.

Die erste Gruppe ist in der überwiegenden Mehrheit.

Die einzig mögliche Filmform: Auftritt, Abtritt; eine Serie. Eine Anhörung.

„Wer Gefangene erschoß, wurde von mir nicht verbunden"

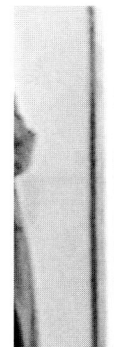

Sie stellen die Fragen, oder? Ich habe das ja noch nie gemacht.
Ja, natürlich. Erzählen Sie uns, wo Sie während des Krieges waren und
was Sie erlebt haben. Haben Sie Dinge erlebt, die man hier in der
Ausstellung sieht?

Ich war ursprünglich Sanitätssoldat in einem Kriegslazarett, und
erst als der Krieg in Rußland begann, wurde ich zur Infanterie
versetzt. Ich war Truppensanitäter und wurde auch ein paarmal
verwundet.

Die Wehrmacht war für mich in gewisser Weise die Rettung, denn
ich war wegen Widerstandes gegen den Faschismus in Haft. Ein
Jugendfreund, der 1934 SS-Putschist war, gab mir die
Möglichkeit, zur Wehrmacht einzurücken, obwohl die NS-Partei
dagegen war. Zuerst hätte ich sogar beim rückwärtigen Dienst
bleiben können, aber als die Sache mit der Sowjetunion begann,
wurde ich ins Feld geschickt. Ich war in einem Kriegslazarett in
Polen. Als wir den Bug, so hieß der Fluß, überquerten, führten
die Sowjets immer noch Weizen- und Ölzüge. Da marschierten die
deutschen Truppen ein. Das war eindeutig ein Überfall, nicht?
Einen Tag zuvor sprach ich im Bahnhof von Lublin mit einigen

Eisenbahnern. Das waren Österreicher. Ein Wiener war dabei und ein Niederösterreicher und dann ein NSB-Obmann. Der NSB war so eine Art Gewerkschaft der Nazis, also der „nationalsozialistische Betriebsrat". Der Obmann war auch Eisenbahner und sagte ganz öffentlich: „Das ist nicht in Ordnung. Deutschland hat mit der Sowjetunion einen Vertrag – einen Nichtangriffspakt." Zu dem Zeitpunkt war schon bekannt, daß der Überfall stattfindet. Unser Schreibstubenoffizier, der war ganz erschüttert, der wollte das auch nicht. Die Leute waren von dem Überfall nicht so begeistert, das kam erst durch den allgemeinen Siegesrausch. Und am ärmsten waren ja die jüdischen Siedlungen. Die Juden haben ja geglaubt, die Deutschen werden sie human behandeln und dann ... Sie haben sie sogar begrüßt, d.h. einige antisowjetisch eingestellte Juden haben die Deutschen irgendwie begrüßt, und dann sind sie abgewiesen worden, und dann waren die Hinrichtungen und die Vertreibungen.

Und wo haben Sie das gesehen?

Das war, als wir in der Ukraine waren. Da waren diese Begrüßungen und dann die Hinrichtungen. Ganze Siedlungen, jüdische Dörfer, da sind alle liquidiert worden, und dort wurden dann Russen oder Ukrainer angesiedelt.

Wie ist das abgelaufen mit der Liquidierung der Juden?

Bitte, ich war selbst nicht dabei. Die Bevölkerung mußte sich melden, und es ist ... Wir sind ja nur durchgekommen – ich war bei der Feldtruppe –, wir sind ja nur durchgezogen. Die Feldtruppe hat das natürlich nicht gemacht, sondern die rückwärtigen Truppen. Die haben die Leute ... Es war angeschlagen, die Leute müssen sich melden.

Das haben Sie gesehen? Diese Anschläge?

Ja, die haben wir gesehen. Es hat da geheißen: „Die Juden werden alle erschossen." Und man hat es dann erlebt. Die Gräber hat man gesehen, die zugeschütteten. Zum Beispiel ist mir in Erinnerung geblieben, am Rückzug, da sind wir über den Dnjepr gekommen, da war in einer Ortschaft, ich weiß den Namen nicht mehr – mir ist schon alles entfallen –, so eine Art Spital, ein russisches. Da war so ein großer Holzbau, und daneben waren überall kleinere Pavillons, und da waren die Kranken drinnen: die Infektionskranken in den kleineren Hütten und die normalen Kranken in dem großen Spital. Als wir zurückgeflutet sind – gelaufen besser gesagt –, hat das gebrannt. Der Troß, der rückwärtige, hat das einfach angezündet, mit den Menschen drinnen. Und die Schreie hat man noch gehört. Die Soldaten waren entrüstet darüber. Das muß ich schon sagen. Die Infanteristen haben gesagt: „Das ist eine Gemeinheit. Das ist ein Verbrechen."

Auf der anderen Seite sind Gefangene von ihren eigenen Soldaten erschossen worden. Ich selbst habe den Befehl nie gehört. Also bitte, aber es hat Soldaten gegeben, die auf eigene Faust einfach Gefangene erschossen haben, und die sind deswegen auch nicht gemahnt oder bestraft worden. Ich war also Sanitätsunteroffizier, und ich habe gesagt: „Wenn einer einen Gefangenen erschießt, den laß' ich liegen, wenn er verwundet wird, den behandle ich nicht." Das hat irgendwie gewirkt. Dann gibt es noch einen alten Soldatenaberglauben, daß der Soldat, der Gefangene erschießt, am nächsten Tag fallen wird. Und da war ein Nürnberger – ich weiß den Namen nicht mehr –, der hat immer die Gefangenen erschossen und eines Tages ist er wirklich am nächsten Tag gefallen. Und die jungen Soldaten, die haben sich das irgendwie zu Herzen genommen – muß ich ehrlich sagen. Sie haben das auch nicht mehr gemacht. Solange ich dort war, ist das nicht gemacht worden. Ich muß sagen, daß viele Soldaten mit den Erschießungen nicht einverstanden waren.

Einmal war ich krank und deshalb hinten bei einem Feldbataillon. Wir waren in den Häusern einquartiert. Es gab keinen Arzt. Ich glaube, den hatten sie vertrieben. Ich behandelte die kranken Leute, soweit ich es konnte. Da war ein junger Leutnant, ein NS-Führungsoffizier halt, der mir deswegen schwere Vorwürfe machte. Er meinte, die seien eine minderwertige Rasse und könnten ruhig sterben. Der Hauptfeldwebel und der Stabsoffizier standen neben ihm und sagten einfach nichts. Da sagte ich: „Ja, aber wenn ich die Leute nicht behandle, werden alle Soldaten angesteckt." Er verbot es mir trotzdem und ging dann fort. Der Stabsoffizier meinte, ich solle die Leute ruhig weiter behandeln. Ich weiß nicht, ob das dokumentiert ist, aber man ließ die russischen Kriegsgefangenen verhungern.

Wo haben Sie das erlebt?

Ich war in Polen – oder war es Saporoshje? Ich war verwundet, war im Lazarett und half da mit. Ich meldete mich als Sanitätsunteroffizier. Es kamen ältere Soldaten, die alle Fleckfieber hatten. Es stellte sich heraus, daß sie sich bei russischen Gefangenen angesteckt hatten. Sie ließen sie alle sterben und die Krankheit übertrug sich auf die Wachmannschaft. Die meisten wurden krank. Sie kamen zu uns in die Infektionsabteilung und erzählten, daß die Gefangenen nichts zu essen bekämen, daß sie verhungerten. Die Gefangenen mußten sogar noch die Gräben ausheben, in denen die Toten vergraben wurden. Ich habe das nicht selbst gesehen, weil ich ja nicht hinten war, aber die Soldaten haben mir das so berichtet.

Man hört doch immer wieder von Gewalt gegen Frauen, haben Sie das einmal erlebt?

Dort, wo ich war, gab es, glaube ich, nie eine Vergewaltigung. Wegen des Hungers in der Bevölkerung war das auch gar nicht nötig. Verstehen Sie mich: Wenn die Frauen am Leben bleiben wollten, mußten sie sich eigentlich prostituieren. Das habe ich auf der Halbinsel Kertsch, auf der Krim, erlebt. Dort hatten wir eine Zeitlang Küstenschutz. Die Bahnlinie, die dort aus der Ukraine herein kam, war sehr oft zerstört. Wir hatten sehr wenig zu essen. Bei der Essensausgabe warteten immer Kinder. Die Soldaten, die ein wenig mitfühlend waren, überließen ihnen die Hälfte ihres Essens, obwohl sie ja selbst nicht viel hatten. Sie gaben den Kindern das Kochgeschirr zum Spülen. Wir haben das jedenfalls so aussehen lassen, damit die Offiziere nicht bemerkten, daß wir den Kindern zu essen gaben, denn das war ja verboten. Dort war auch so ein liebes Mädchen, deren Mutter ich mein Geschirr manchmal zum „auswaschen" gab. Ich sah einen Soldaten bei ihr und fragte sie, warum sie das mache, also warum sie sich mit einem deutschen Soldaten einlasse. Sie antwortete, daß sie es aus Hunger täte. „Aber ihr habt doch gerade Brot bekommen?!" sagte ich. Sie hat mir das Brot gezeigt: Es war nicht eßbar. Das waren lauter Sägespäne, außen war ein bißchen Mehl. Die Frauen waren also gezwungen, sich...

...zu prostituieren?

Ja, wegen Nahrungsmitteln und Brot. Eine Vergewaltigung sah ich nie. Wie gesagt, das war nicht nötig.

In diesem Zusammenhang fallen mir die russischen Sanitäterinnen ein. Das waren sehr tapfere Mädchen. Sie fuhren bei den russischen Panzern mit und verbanden die russischen Soldaten im Feld, unter Beschuß. Sie waren Partisaninnen, Soldatinnen. Sie bildeten ein eigenes Regiment, eine eigene Kompanie. Die Anerkennung, die sie von den russischen Truppen bekamen, schürte den Haß der Leute. In unserer Kompanie waren sie aber eigentlich auch anerkannt.

Es gab sogenannte Scharfschützen, die immer mit Begleitschutz, also zu zweit, in einer Stellung eingegraben waren. Diese Scharfschützen beschossen besondere Ziele. Der Begleitschutz, ein ganz junger Bursche aus Wien, bekam für jeden, den er erschoß, drei Tage Urlaub – und so hat er zwei russische Sanitäterinnen, die gerade einen Verwundeten wegtrugen, niedergeschossen. Unsere ganze Kompanie verachtete ihn dafür.

Hat er den Urlaub bekommen?

Ja, er bekam den Urlaub. Aber es gab auch Offiziere, die antifaschistisch eingestellt waren. Ich hatte mehrere als Kompanieführer. Es gab nicht nur Nazis. Es gab zum Beispiel einen Leutnant, einen Studenten, dessen Vater Gauleiter bei Celle in Niedersachsen war, und er war ein absoluter Gegner der Nazis. Ich verstand mich sehr gut mit ihm. Leider ist er bald gefallen. Dann gab es einen Bauingenieur aus dem Elsaß, der auch ein

Gegner war. Später lernte ich in einem Lazarett seine Braut kennen. Sie war dort Krankenschwester. Bei ihr sah ich zufällig ein Photo unseres Oberstleutnants. Und dann gab es noch einen Berufsoffizier, einen richtigen preußischen Soldaten, der auch gegen den Faschismus war. Diese drei schonten die Truppe, soweit es ging.

Aber was war mit denjenigen, die Gefangene erschossen haben?
Ja, das gab es trotzdem.
Denen ist nichts passiert?
Nein.
Auch wenn die Vorgesetzten antifaschistisch eingestellt waren?
Nein, ihnen passierte nichts. Die Befehle waren zwar entsprechend, aber es ist nichts gemacht worden. Das ist ein sehr erschütternder Vorwurf...
Als wir nach Odessa kamen, waren dort gerade frische russische Truppen gelandet, die noch unbewaffnet waren. Es gab keine gescheiten Offiziere, keine gescheiten Oberkommandos. Jedenfalls waren sie frisch eingekleidet, aber waffenlos. Sie sollten sich Waffen bei den Deutschen holen. Das war natürlich Wahnsinn, alle kamen um. Sie konnten ja nicht zurückschießen. Manche der Russen kamen mit dem Schiff, einmal auch ein sehr schönes Paar. Sehr schöne Menschen – wirklich sehr schöne junge Menschen. Weder die junge Frau noch der junge Mann trugen Waffen. Wir gingen zu ihnen, und unser Oberstleutnant, der sehr kriegsbegei-

stert war, sprach mit ihnen. Sie konnten gut deutsch. Und plötzlich erschoß der Nürnberger, der hinter mir stand, einfach den
Mann, direkt neben der jungen Frau. Die Frau hat er nicht
erschossen. Die war natürlich – die Frau war natürlich verzweifelt.
Und warum hat er das gemacht?

Nichts! Er erschoß ihn einfach. Es ist leider so. Er machte es ein-

fach. Es gibt noch so eine Episode: Auf der Krim in Kertsch gab
es einen Offizier der russischen Armee. Er war in Zivil und wurde
von einem jungen Soldaten betrunken aufgegriffen. Er hatte eine
Schußverletzung am Bauch und wurde ins Sanitätszimmer, in das
Zelt, gebracht. Ich befahl dem Sanitätssoldaten, ihn zu verbinden
– unser Stabsarzt untersagte ihm das. Auch dem Oberst verbot er,
die Wunde zu verbinden. Bei uns war ein Feldwebel, ein ehemaliger SS-Mann, er fragte: „Was ist denn da los? Warum wird denn
der nicht verbunden?" Er befahl mir, den Mann zu verbinden.
Also ging ich hin, um ihn zu verbinden, aber der Truppenarzt
sagte: „Nein, der wird nicht verbunden!" Ich fragte: „Warum? Der
ist doch verwundet!" Er antwortete nur: „Das hat keinen Sinn
mehr, es wäre schade um den Verband, er wird sowieso erschossen." Dabei blutete der Mann! Er hatte eigentlich nichts gemacht,
er war in Zivil.

Es ist ja bekannt, daß die hinteren Truppen, SS-Truppen waren es
meistens, beim Rückzug alles vernichteten. Die Bevölkerung
wurde vertrieben. Viele versteckten sich in Erdlöchern, aus denen

sie dann herausgeholt wurden. Das habe ich selbst alles gesehen. Die Obstbäume wurden gefällt und das Vieh entweder weggetrieben oder gleich erschossen. Die Leute hatten überhaupt nichts mehr. Trotzdem sollte man jede Kollektivschuld ablehnen. Natürlich waren alle mitschuldig, denn auch wenn ich den Krieg jetzt ablehne, so habe ich ihn doch mitgetragen. Es gab auch wirklich viele Soldaten, die sich bemühten, den Menschen dort zu helfen. Es war schwierig, Befehlen zu widersprechen.

Können Sie sich noch an bestimmte Befehle erinnern, die verweigert wurden?

Naja, es kam vor, daß Befehle verweigert wurden, aber das betraf keine besonderen Befehle. Weil ich Sanitätsunteroffizier war, hatte ich eine gewisse Autorität. Die Soldaten waren von mir abhängig, weil ich sie verbunden habe. Manche der Offiziere ließen sich bereden. Ich ging zu ihnen und versuchte, mit ihnen darüber zu sprechen, aber sie bekamen ja selbst Befehle, denen sie sich nicht widersetzen konnten.

Gegen Kriegsende wurden Veteranen aufs Feld geschickt. Das waren diese Helden des Siegesrausches, die damals bis Mostar vordrangen. Die waren zum Teil schwer verwundet und kamen deshalb nach hinten. Sie sind jahrelang als Helden gefeiert worden, waren Ausbilder der Truppe und erschienen jetzt auf einmal wieder an der Front. Unter ihnen war ein oberschlesischer Offizier, der aus einer begüterten Familie von Fabrikanten und Großgrundbesitzern kam und nun um seinen Besitz fürchtete. Es gab drei oder vier dieser Veteranen. Wir Übriggebliebenen feierten das Wiedersehen. Ich ging irgendwann weg. Die anderen betranken sich. Schließlich schrien sie: „Wir wollen nicht für Hitler sterben, unsere Kinder brauchen ihre Väter!" und solche Dinge. Der Offizier schrie am fanatischsten, weil er ja Angst um seine Besitztümer hatte. Der Vorfall wurde gemeldet, und ich ging hin, um die Leute zu beruhigen. Zum Schluß sagte ich, daß so etwas gefährlich ist, weil es ein schlechtes Licht auf die Kompanie und auf die Offiziere wirft. Das sah dieser Offizier auch ein. Es war schließlich schon vorgekommen, daß Leute wegen solcher Äußerungen von der Geheimen Feldpolizei abgeholt wurden waren.

Sind Sie auch mit Partisanen in Berührung gekommen?

Natürlich kam ich auch mit Partisanen in Berührung. Zunächst persönlich. Wir als Fronttruppe machten keine Partisanenbekämpfung, das übernahmen die hinteren Truppen. Ein paar Frauen kamen zu mir und baten um Medikamente und Verbandszeug. Ich wußte, für wen sie das brauchten. Die russischen Sanitäter waren vorbildlich ausgerüstet. Die hatten große Tragetaschen, in denen alles drin war. Diese Taschen blieben zurück, wenn sie fliehen mußten. Ich gab den Frauen solche Beutel. Das war unverdächtig, es war ja russisch. Ich vermute, daß sie die Beutel weitergaben. Die Leute, die man verdächtigte, Informationen zu sammeln, wurden verhaftet. Ich erinnere mich, daß das einige Male der Fall war.

In einem Fall verhaftete man zwei junge volksdeutsche Mädchen. Man nahm an, daß sie die Partisanen durch Sammlungen unterstützten. Sie waren auf der Bahnhofskommandatur beschäftigt. Was weiter mit ihnen geschah, weiß ich nicht. Eines der beiden Mädchen kannte ich persönlich. Sie war sehr nett.

Um noch einmal auf die Frauen zurückzukommen: In der Ukraine lernte ich eine sehr interessante Frau kennen. Sie war eine sehr gebildete Frau – eine Russin. Sie kam von der Krim, aus der Nähe von Odessa. Einige Tage später kam auch ihre Tochter dazu. Sie kauften und tauschten Lebensmittel bei den Bauern der Gegend. Die Tochter zeigte mir das Bild eines deutschen Unteroffiziers und fragte mich, ob ich den kenne. Ich kannte ihn nicht. Auf der Rückseite des Bildes stand eine Widmung: „Meiner lieben..." Ich fragte das Mädchen danach. Sie erzählte mir von ihrer Liebe zu diesem Mann. Für mich war das unverständlich, denn das Mädchen wollte eigentlich als Partisanin in einer Frauenkompanie kämpfen. Sie hatte in einer Soldatenzeitung ein Bild gefangener Partisaninnen, der sogenannten 'Flintenweiber', gesehen. Interessanterweise fragt noch heutzutage die „Kronen-Zeitung"

in ihrem Kreuzworträtsel nach dem umgangssprachlichen
Ausdruck für 'Partisanin' – eben das 'Flintenweib'! Niemandem
fällt diese Gemeinheit auf!

In einem Lazarett in Saporoshje gab es eine riesige Mauer aus
Feldpostpaketen. Diese Päckchen waren Weihnachtsgeschenke für
die Soldaten der 6. Armee. Die 6. Armee war in Stalingrad einge-
kesselt. Ihre Weihnachtspäckchen lagen in den Lazaretten, in
Saporoshje, in Dnjepropetrowsk. Man verteilte sie an die
Verwundeten und Kranken – Wertgegenstände schickte man
zurück.

Wußten Sie, daß die Juden verfolgt wurden?

Ja, man wußte, daß sie verfolgt werden. Das wußte man. Einmal
kam ich in ein Dorf – es war in der Ukraine, glaube ich – in dem
früher jüdische Bauern lebten. Alle waren weg. Statt der Juden
siedelte man dort Leute an, die mit den deutschen Truppen mit-
gezogen waren. Wenn jemand sagt, er habe nichts gewußt, dann
ist das natürlich Blödsinn. Jeder Soldat wußte, daß die jüdische
Bevölkerung massakriert und weggeschleppt wird. Das wußte
jeder, es war kein Geheimnis. Nach dem Polenfeldzug lernte ich
in einem Lazarett einen polnischen Juden kennen. Die Polen hatten ja jüdische Soldaten. Er sprach sehr gut deutsch und arbeitete in diesem Lazarett. Mehrere Juden arbeiteten dort. Sie räum-
ten den Schmutz weg und halfen mit. Dieser Pole brachte oft
Sachen mit, die im Lager hergestellt wurden. Das waren schöne
Sachen, eine Art Volkskunst. Teller, Schablonen und solche
Sachen. Eines Tages kam er nicht mehr, er durfte nicht mehr aus
dem Lager heraus. Er erklärte uns, daß alle Juden abtransportiert
werden. Danach war es so, als hätte es sie nie gegeben. Ursprünglich waren sie alle gemeinsam in einem Kriegsgefangenenlager.

Wo sind die Juden hingebracht worden?

Das kann ich nicht sagen.

*Inwieweit waren denn Soldaten daran beteiligt? In der Ausstellung sieht
man, daß sehr viele Soldaten bei Registrierungen und Erschießungen
beteiligt waren.*

Ich sagte ja schon, das machten die hinteren Truppen in bestimmten Stäben. Die Fronttruppen konnten das ja gar nicht machen. Wir waren deshalb nicht schuldlos, aber an der Front konnte man solche Aufgaben nicht übernehmen. Wir lagen ja in den Gräben im Kampf und konnten deshalb nichts damit zu tun haben.

War es nicht so, daß man zwei bis drei Wochen an der Front war und dann wieder nach hinten geschickt wurde?

Das kann man nicht so sagen. Daß eine Truppe zurückkam, wenn sie dezimiert und aufgerieben war, war vielleicht noch im Ersten Weltkrieg möglich, im Zweiten aber nicht mehr. Jedenfalls war es nicht so. In einem Bataillon sind sechzehn Mann. Dieses Bataillon wurde dann mit Nachschub aus den Feldbataillonen in Deutschland, Österreich usw. aufgefüllt. Es gab eigene hintere Truppen, die zum Teil aus Soldaten bestanden, die nicht fronttauglich waren. Die kamen zu den rückwärtigen Truppen, einem eigenen Truppenverband im Hinterland.

Sie haben viele verschiedene Menschen verbunden...

Ja, viele. Tausende.

Wie erklären Sie sich, daß manche sich so verhalten haben wie der Leutnant, der den jungen Mann...

...ein Obergefreiter. Er stand aber neben dem Oberstleutnant, und der hat ihn nicht erschossen.

Wieso haben sich manche anders verhalten?

Ich vermute, daß es etwas mit dem Charakter eines Menschen zu tun hat, damit, wie er aufgewachsen ist und erzogen wurde. Es hat auch damit zu tun, wie sehr jemand mit der Naziideologie behaftet ist, nicht? Wobei das aber auch manchmal nichts damit zu tun hatte, denn es gab auch Nazis, die keine Gefangenen erschossen. Jemand, der Gefangene erschießt, würde vielleicht auch im zivilen Leben Menschen erschießen. Es gibt anscheinend Menschen, die von Natur aus eine Anlage zur Gewalttätigkeit haben. Im Krieg konnte das ohne Bestrafung ausgelebt werden. Trotzdem gibt es auch einen Zusammenhang mit der Ideologie, weil dort ja immer von minderwertigen Menschen gesprochen wurde. Ein NS-Offizier sagte zu mir: „Das sind doch minderwertige Menschen, wir können sie ruhig erschießen." Er selbst glaubte also, daß es richtig ist – er war davon überzeugt. Bei Exekutionen war das wieder etwas anderes, die Soldaten bekamen ja den Befehl dazu. Ursprünglich gab es aber auch freiwillige

Meldungen für die Exekutionen. Man bekam Urlaub dafür. Manche, die den Befehl dazu bekamen, haben das sicher nicht gerne gemacht. Ich war aber in einer Truppe, in der sich viele junge Leute freiwillig meldeten. Jetzt kann man sich fragen, warum sie das taten. Das war schon am Ende des Krieges. Viele arbeiteten 12 – 14 Stunden täglich in den Rüstungsbetrieben. Sie hatten wenig zu essen. Sie meldeten sich freiwillig, weil sie dachten, daß sie als Soldaten wenigstens etwas zu essen bekommen und nicht so schwer arbeiten müssen. Das waren arme Burschen, sehr arme Burschen. Einige waren HJ-Führer, die sich aus Idealismus meldeten. Ich diskutierte mit ihnen und hatte bei einigen auch ganz gute Erfolge. Sie fragten sich: „Was ist das eigentlich für ein Ideal, das wir haben?" Mit der Zeit haben sie das Problem begriffen. Leider sind sie dann gefallen, das ist ja das Tragische. In diesem Sinne war das eine vergebliche Mühe. Wir hatten auch einen Oberfeldwebel, der Peter hieß. Er fand es absurd, daß wir einen Krieg um den Kaukasus führen. Im Kaukasus gab es österreichische Gebirgsjäger, die ärger waren

als die SS. Diese Kärntner und Steirer waren fürchterlich. Und so
überheblich. Einer von ihnen befahl uns, die Stahlhelme
aufzusetzen. Diejenigen, die sich weigerten, bekamen einen
Kopfschuß. Manche setzten den Stahlhelm dann auf.
Bei einer Kompanie war ein junger Bursche, dessen Vater ein
deutscher Widerstandskämpfer war, ein Kommunist, der auch im

KZ gewesen ist. Sein Sohn war auch gegen den Krieg. Jemand
verriet ihn, und er sollte zurückgeschickt werden. In den Bergen
dort war das aber unmöglich. Der Junge blieb dann zurück, er
wollte wahrscheinlich zu den russischen Gebirgstruppen flüchten.
Er kletterte auf einen Baum. Leider wurde er von einem
russischen Scharfschützen entdeckt und beschossen. Aus unserer
Truppe meldeten sich acht Leute, um ihn zu holen. Wir holten
ihn von dem Baum herunter, aber leider starb er.
Es war in den Bergen unmöglich, die Verwundeten zu transportieren. Das ist eine der furchtbarsten Erinnerungen für mich. Die
russischen Truppen standen oben auf den Bergen. Unsere Truppen
mußten die Fronten angreifen, und die Russen schossen auf uns
herab. Es gab sehr viele Verwundete. Sie lagen dort, und ich verband sie, aber sie konnten nicht abtransportiert werden. Jeder
von ihnen hätte acht Träger gebraucht, das war unmöglich.
Sie blieben dort liegen?
Ja, sie blieben liegen. Zum Beispiel auch ein ganz junger
Bursche, ein Musiker, ein sehr begabter Musiker, der sehr schön

Harmonika spielte. Sein Bruder wurde bereits vermißt. Sein Vater fiel im Ersten Weltkrieg und seine Mutter war sehr arm. Die Beine des Jungen waren gelähmt, er hatte einen Genickschuß. Er war so ein begabter Musiker. Er ist liegengeblieben und starb.

Es gab natürlich auch Plünderungen durch die Soldaten. Auch bei uns. Im Kaukasus raubten sie den Bauern die Bienenstöcke. Die kaukasischen Bauern glaubten, wir seien die Befreier. Diese Kaukaser waren ja antirussisch eingestellt.

Die Ukrainer auch?

Ja, die Ukrainer auch. In der Ukraine lernte ich bei der Sanitätskompanie einen Unteroffizier aus Nürnberg kennen. Ich glaube, ich war zu dem Zeitpunkt leicht verwundet. Dieser Unteroffizier hatte Kontakt zu den Geschwistern Scholl, er war irgendwie an dieser Gruppe beteiligt. Jedenfalls war er auch ein großer Gegner der Nazis. Ich verstand mich gut mit ihm.

Hinter dem Dnjepr lagen die Dörfer. Die Schränke der Häuser waren voll mit französischen Weinen und Spirituosen, die sich die Offiziere mitbringen ließen. Für sie hätte der Krieg wahrscheinlich noch länger dauern können. Sie hatten Damendessous, mit denen sie die ukrainischen Mädchen beschenkten, sie ließen sich alles kommen. Jetzt bedienten wir uns natürlich dort. Wir waren noch jung, verzweifelt und ein bißchen matt. Wir betranken uns und wurden müde. Unser Hauptfeldwebel ließ uns antreten. Das war aber gar nicht möglich. Also ließ er uns gehen, um Quartier zu machen. Kurt, der Nürnberger, und ich gingen zusammen. Es gab ein sehr schönes großes Haus dort. Wir fanden dort noch einen Stabsfeldwebel, mitten zwischen den Akten und seinen Koffern. Wir erklärten ihm, daß hinter uns schon die Infanterie anrücke und fragten ihn, warum er noch da sei. Eine hübsche Ukrainerin war bei ihm. Sie weinte, und er war auch voller Angst. Trotzdem drohte er uns an, uns einziehen zu lassen. Die anderen waren bereits mit ihren Lkws und Pkws geflüchtet.

Als das mit den brennenden Pavillons passierte, waren wir schon auf dem Rückzug. Am furchtbarsten verhielten sich die sudetendeutschen Soldaten. Sie wollten, daß der Krieg bis zum siegreichen Ende weitergeführt wird. Jetzt sollten die sich eigentlich nicht beschweren, denn sie wußten, was ihnen bevorstand.

Sie sagten vorhin, die Österreicher seien ärger gewesen als die SS?

Die waren wirklich schlimmer.

Was haben die gemacht?

Ja, das war ihre ganze Art zu kämpfen und so. Sie waren überheblich, aber die SS war ja auch überheblich und blickte auf die Wehrmacht herab. Dieselbe Konkurrenz gab es zwischen Luftwaffe und Infanterie. Die Luftwaffe, das waren die Götter und die Infanterie die Armutschkerl, sozusagen.

In Rumänien war ich auf einem Feldflugplatz stationiert und mußte Leichen vergraben. Es war ein Grabenkrieg und ich war hinten. Wenn die Soldaten über die Ränder der Laufgräben schauten, bekamen sie einen Kopfschuß, denn auf der anderen Seite lagen die Scharfschützen. Die toten Soldaten brachte man mit einem kleinen Sanitätsflugzeug auf den Flugplatz zurück. Ich brachte sie dann mit einem Sanitätswagen in das Lazarett. Die Italiener kapitulierten und die italienischen Soldaten wurden zu Kriegsgefangenen. Drei oder vier wurden mir als Helfer zugeteilt. Sie waren sehr nett und ich verstand mich gut mit ihnen. Sie sangen mir dieses Lied, „Bandera rossa", vor. Es gab dort einen Oberstarzt, der schon beim Ersten Weltkrieg dabei war. Er war sehr verschrien, weil er so stark auf ein korrektes militärisches Äußeres bedacht war. Alles mußte bei ihm ganz vorschriftsmäßig geknöpft sein. Man hatte mich bereits vor ihm gewarnt. Eines Tages saßen wir am Fluß, es war sehr heiß. Ich und meine vier Italiener saßen am Fluß. Die Italiener fingen Frösche. Sie fragten mich plötzlich nach Öl. Ich gab ihnen Medikamente, die sie gegen Öl eintauschen konnten. Sie kamen mit einer Pfanne voll Fleisch zurück. Lauter kleine Stückchen. Sie hatten tatsächlich die Frösche gebraten! Erst ließen sie uns essen, und dann sagten sie uns, was es ist. Auf einmal kam dieser berüchtigte Arzt mit unserem Regimentsarzt, der selber auch so kriegsbegeistert war.

Ich wußte nicht, was ich machen sollte. Ich wußte, daß der Oberstarzt jeden, der sich nicht vorschriftsmäßig verhielt, wieder zur kämpfenden Truppe schickte. Und nun kam er, und ich sollte Meldung machen! Ich schob vor, daß ich erst meinen Rock anziehen müsse. Ich zog ihn an und machte ihm Meldung. Er sah meine vielen Auszeichnungen und daß ich schon an der Front gewesen war. Ich hörte zu, wie er sich mit unserem Regimentsarzt unterhielt. Ich hatte Glück, denn es war sein letzter Dienst. Dieser Arzt mußte nach Ostpreußen zurück, um seinen Besitz zu retten, deshalb war er wohl auch nicht mehr so erpicht auf die Einhaltung der Vorschriften.

In Ungarn kam ein Arzt, ein Stabsarzt ohne Kriegserfahrung, zu uns. Obwohl er der Sohn eines hohen Generals war, konnte er nicht befördert werden. Bei uns gab es noch Juden, die noch nicht... Einer dieser Juden war krank und der neue Stabsarzt fragte mich, ob es mir etwas ausmache, ihn zu versorgen. Ich versorgte ihn und der Stabsarzt gab das auch nicht weiter. Dann kam noch eine Zigeunerin mit einer Schußverletzung am Oberschenkel zu uns. Ich brauchte Spritzen, um ihr zu helfen und bat den Stabsarzt darum. Er gab sie mir tatsächlich.

Ein großes Problem allerdings war die Auszeichnungssucht. Nach einem Angriff von russischen Truppen hatten wir einmal sehr viele Verwundete. Ich hatte einen requirierten Pferdewagen, mit dem ich die Verwundeten transportieren konnte. Ein Bauer aus Niedersachsen, der gut mit Pferden umgehen konnte, half mir. Ich fuhr so weit vor, wie es möglich war und barg die Verwundeten. Ein junger Unterarzt suchte eines Tages den Stabsarzt. Ihm wurde gesagt, der sei bei der Bergung der Verwundeten. Dort war er aber nicht. Tatsächlich schlief er in seinem Zelt. Zwei Tage später mußte das Bataillon antreten. Dem Stabsarzt wurde für die Bergung von Verwundeten das „Eiserne Kreuz Erster Klasse" verliehen.

Sie sagten, Sie waren in Rumänien, haben Sie die Lager dort gesehen?

Nein, habe ich nicht. Ich war nur in den Bergen. Die Bergbewohner dort haben einen eigenen Namen, den ich jetzt nicht mehr weiß. Sie versorgten sich selbst. Es gab dort einen jungen Burschen, der die Telefonleitung der Deutschen kappte, das weiß ich noch. Leider wurde er erwischt. Schließlich kapitulierten die Rumänen. Ich sah aber auch, daß ein deutscher Soldat einer Zigeunerin ein Stück Fleisch gab. Ich will damit sagen, daß es nicht nur schlechte Menschen gab. Viele wurden auch einfach in den Krieg hineingezogen. Das muß man auch sehen. Ich erinnere mich an einen Unteroffizier, der bei der Besetzung der Tschechoslowakei sagte: „Was tun wir hier? Wir sollen doch die Deutschen befreien, aber hier leben doch nur Tschechen!" Unter bestimmten Umständen konnte man also in der Wehrmacht offen sprechen, allerdings nicht überall. Es gab auch Denunzianten, aber im Allgemeinen konnten die Soldaten ihre Meinung äußern. Ich hatte meinen Rückhalt in der Sanitätskompanie. Dort leiteten katholische Theologiestudenten die Schreibstube, und die schützten alle, soweit es ging. Wenn es irgendwelche Vorfälle gab, leiteten sie sie einfach nicht weiter. Im Laufe der Kriegsereignisse geriet dann ohnehin vieles in Vergessenheit. Ich erinnere mich an einen Apotheker, der auf Frontbewährung zu uns kam. Er war nicht mehr jung, vielleicht vierzig Jahre alt. Unser Hauptfeldwebel, ein sehr netter Kerl, war sehr glücklich, nun einen richtigen Apotheker in der Kompanie zu haben. Ich fragte den Apotheker, warum er auf Frontbewährung sei, ein gebildeter Mensch wie er? Er erzählte mir, daß er von einem Freund denunziert worden sei. Bei einem Fronturlaub habe er diesem Freund einen Göring-Witz erzählt. Der Freund sei in die Frau des Apothekers verliebt gewesen, die ihn aber nicht wollte. Nun hat dieser Freund ihn wegen des Witzes denunziert, und der Apotheker kam auf Frontbewährung zu uns. Unser sudetendeutscher Feldwebel grub diese Geschichte wieder aus und bestand darauf, daß der Apotheker als Sanitäter zur Infanterie kommt. Dort ist er natürlich gefallen. Es war ein Todesurteil. Man muß sich dabei klarmachen, daß man als Sanitäter die ganze Zeit unter dem Beschuß der Artillerie steht und die Verwundeten verbinden muß. Ich wurde auch ein paarmal verwundet, zum Glück nicht so schwer. Ich kannte aber sehr viele, die gefallen sind. Ich erinnere mich an jemanden, mit dem ich in Würzburg ausgebildet wurde. Das war eine Sonderausbildung fürs Lazarett. Seine Frau war schwanger ... Wir waren kaum ausgerückt, als er schon fiel. Die Sanitäter sind gefallen wie die Fliegen. Traurig, ja.

Sie haben wirklich viel gesehen. Wir sprachen schon mit so vielen ehemaligen Soldaten, die gar nichts sahen.

So etwas ist natürlich Blödsinn. Gut, es gab welche, die kamen an die Front und fielen sofort, insbesondere der Nachschub, der nicht ausgebildet war.

Aber es gibt so viele, die noch leben, und die sagen, daß sie nichts gesehen haben.

Das ist unmöglich. Jeder wußte etwas oder hat etwas gehört. Es gab immer Gerüchte, Protzereien und Tratsch, wie das in einer Gemeinschaft so ist. Es ist eine gemeine Lüge, wenn jemand behauptet, er habe nichts gewußt. Die Züge mit den Juden standen ja in den Bahnhöfen. Einmal wollten wir ihnen Wasser geben, aber die SS trieb uns weg. Das kann nicht sein, daß das niemand sah.

Meine Ausbildung zum Sanitäter habe ich bei Nonnen in einem katholischen Spital in Würzburg gemacht. Es gab dort Verwundete und Kranke. In einem Nebenraum waren französische Kriegsgefangene untergebracht, die von den Nonnen gepflegt wurden. Der Oberstabsarzt war sehr streng. Man mußte sogar im Gebäude eine Kappe tragen, durfte nicht laut sein usw. Einmal gab es einen großen Streit unter den Seminaristen. Es gab dort eine Gruppe, die gegen den Nationalsozialismus war und eine andere Gruppe, die für die Nazis war. Sie stritten sich im Eßraum und schließlich fragten sie mich um Rat. Ich war zwar nicht katholisch, aber der Älteste dort. Diese Seminaristen waren ja erst achtzehn. Ich sagte, daß Christentum und Nationalsozialismus sich ausschließen. Ein Katholik könne niemals ein Nationalsozialist sein. Bei dieser Antwort bereuten sie schon, mich gefragt zu haben. Am nächsten Tag kam ich pfeifend aus dem Krankenzimmer im ersten Stock. Auf einmal stand dieser berüchtigte Oberst vor mir: „Wo haben Sie ihre Mütze? Warum ist ihr Knopf nicht zu?" Die anderen aus dem Priesterseminar lauerten schon schadenfroh. Der Oberst sprach mich auch auf den Streit im Speisesaal an. Normalerweise bekam man acht Tage Arrest für solche Vergehen. Diesmal kam ich aber noch glimpflich davon. Der Oberst forderte mich nur auf, den Knopf zu schließen und mich wieder an die Arbeit zu machen. Alle waren über diese milde Reaktion erstaunt. An diesem Tag hatte ich Nachtdienst, und zwei Nonnen baten mich, den Raum, in dem die französischen Gefangenen untergebracht waren, aufzuschließen. Die Schwestern wollten den Verwundeten etwas zu essen bringen, obwohl das eigentlich verboten war. Ich schloß den Raum auf und versorgte auch den französischen Sanitäter mit dem, was er brauchte. So haben wir uns gegenseitig unterstützt, es gab eine gewisse Gemeinschaft.

Warum waren Sie kein Katholik?

Nach den Februarereignissen 1934 trat ich aus der Kirche aus. Es wurden Leute im Namen der Kirche aufgehängt, und das war für mich nicht vereinbar mit dem Christentum. Trotzdem verstand ich mich gut mit den Katholiken in dem Spital.

Waren Sie vor dem Krieg politisch engagiert?

Ja, vor dem Krieg schon.

Also bei den Sozialisten oder Kommunisten?

Bei einer Jugendgruppe.

Welche war das?

Es waren alle möglichen dabei. Alle waren gegen den Faschismus. Es gab Katholiken, Kommunisten und Sozialisten in dieser Jugendgruppe. Die fanden sich so zusammen. Ich wurde deswegen inhaftiert. Der Freund meines älteren Bruders war bei dem Juliputsch 1934 gegen Dollfuß beteiligt. Er gab mir die Möglichkeit, zur Wehrmacht zu gehen. Zu diesem Zeitpunkt war ja noch kein Krieg. Dieser Freund verwaltete die jüdischen Kinos in Wien, er sollte sie arisieren. Er war eigentlich Drogist und dieses Amt war eine Belohnung für sein Engagement beim Juliputsch. Eines Tages traf ich ihn in Prag. Er arisierte auch dort die Kinos. Schließlich meldete er sich freiwillig zur Wehrmacht und kam zur Waffen-SS. Er gehörte zuerst zur allgemeinen SS, wo er als Juliputschist einen hohen Rang bekleidete. Er war der Adjutant des Polizeipräsidenten Steinhäusl. Es gab ja damals die Waffen-SS und die allgemeine SS, in der die ganzen hohen Herren waren. Sie trugen diese schwarzen Mäntel mit roten Aufschlägen, und er war dort Adjutant. Er meldete sich zur Wehrmacht und beging später, in Griechenland, Selbstmord. Wahrscheinlich wollte er sich nicht mehr an den Partisanenkämpfen beteiligen. Er hat sich in Griechenland erschossen. Diese Geschichte gehört eigentlich nicht zum Krieg. Jedenfalls wohnte er früher neben mir. Eines Abends im Juli 1934 hörte ich, daß in seiner Wohnung eine Naziversammlung abgehalten wurde. Ich wußte, daß er ein illegaler Nazi war. Interessanterweise kannte ich alle, die dort versammelt waren, aus dem Don Bosco-Kloster in der Hagenmüllergasse im dritten Bezirk. Diese Nazis waren lauter ehemalige Katholiken. Jetzt sangen sie das Horst-Wessel-Lied und schrien: „Morgen Sieg oder Tod!" Am nächsten Tag war der Juliputsch. Der Führer dieser Gruppe war nicht dabei. Er habe in Niederösterreich Verwandte besucht und es sei kein Bus mehr gefahren. Das war seine Ausrede. Später brachte er dafür Juden mit einem Lkw um. Er sperrte sie auf die Ladefläche und erstickte sie mit den Auspuffgasen. Ich glaube, das war in Weißrußland. Er wurde nicht einmal bestraft. Inzwischen ist er tot, er wurde über achtzig. Ich bin ihm noch einmal in Erdberg begegnet, einem ehrbaren Mann in Hubertusmantel und mit Steirerhut. Er wurde wegen Befehlsnotstands freigesprochen.

Er hätte sich wegmelden können. Er wurde nicht dazu gezwungen. Wenn er sich zur Wehrmacht gemeldet hätte, hätten sie ihn gehen lassen müssen. Erst gegen Ende des Krieges wurde man zwangsweise rekrutiert.

Der Mann, der Juden in einem Lkw umbrachte, hat danach einfach so weitergelebt?

Natürlich. Das ist die alte Generation.... Erdberg war ja klein und früher hat jeder jeden gekannt. Bei der SS, bei den Juliputschisten, waren relativ viele Erdberger. Es waren lauter ehemalige Bundesheersoldaten, die wegen Betätigung für den „NS-Soldatenring" ausgeschlossen worden waren. Es waren also Berufssoldaten.

Und was hat dieser Mann nach dem Krieg gemacht? Welchen Beruf hatte er?

Er arbeitete nach dem Krieg als Friseur. Er war zwei Jahre in Untersuchungshaft. Nach zwei Jahren gab es eine Berufungsverhandlung und keine weitere Strafe.

Wie war das für Sie nach 1945? Sind Sie wieder nach Erdberg zurückgekommen?

Ja.

Und hatten diese Leute, die Nazis wurden, nachher wieder hohe Posten oder waren die weg? Hat sich da irgendwas verändert?

Sie hatten keine politischen Posten mehr. Die Leute, die ich kannte, hatten aber ohnehin keine besonderen Funktionen. Sie sind mitgerannt, haben arisiert... Nachher versuchten sie, Unterschriften zu sammeln, um ihre Geschäfte behalten zu können, aber die Leute gaben ihnen keine.

Mußten sie die Geschäfte dann wieder hergeben?

Sie mußten sie wieder hergeben. Nur der Onkel von Haider nicht. Der hat es noch heute. Das wurde in einem Prozeß anerkannt. Zwei Fälle kenne ich, in denen die Geschäfte im Einvernehmen mit den jüdischen Besitzern übernommen und nach dem Krieg wieder zurückgegeben wurden. Das waren aber wenige, ich weiß nur von diesen zwei Fällen.

Haben Sie den Pogrom 1938 in Wien erlebt?

Ja, ich wurde sofort verhaftet. Ich war eigentlich noch ein Jugendlicher. Ich war in Einzelhaft. Nach und nach kamen immer mehr Leute, die ich kannte: Zeitungsherausgeber, Warenhaus-

besitzer und so. Alle hatten Angst. Die HJ ging durch und identi-
fizierte die Gefangenen. Zuerst waren alle Verhafteten zusammen,
später sind die Juden von den anderen Häftlingen getrennt worden. Das war 1938. Meine Mutter suchte mich überall. Sie bat
auch unseren Nachbarn um Hilfe. Ich war inzwischen am
Morzinplatz in Haft. Einen der Juliputschisten kannte ich flüch-
tig. Er wunderte sich tatsächlich über unsere Verhaftung, wir hätten schließlich auch gegen Schuschnigg gekämpft. Als wir die
Treppen zum Hotel Metropol hinaufstiegen, erkannte ich den
Portier. Das war der, der später die Juden in dem Lkw umbrachte.
Ich bat ihn, meine Mutter zu verständigen. Er weigerte sich, aber
er war bereit, einen Kameraden von der SS darum zu bitten. Die
Polizei hatte meine Mutter nicht einmal informiert.

Und warum hat man Sie verhaftet?

Weil ich immer gegen die Nationalsozialisten auftrat.

Waren Sie da schon in einer Gruppe organisiert?

Ja, in dieser Jugendgruppe. Das war eine antifaschistische
Jugendgruppe in Erdberg.

Wie lange waren Sie bei der Gestapo im Hotel Metropol? Nur zum Verhör?

Danach kam ich wieder ins Gefängnis, in das Gefangenenhaus der
Polizei in der Hermanngasse. Die Gefangenen in der
Hermanngasse waren aus irgendwelchen Gründen privilegiert. Ich
wurde amnestiert. Vor dem Gefangenenhaus stand ein BDM-Mädel
mit einer Sammelbüchse für die Winterhilfe. Ich sagte, daß ich
ihr nichts gebe, ich würde nicht auch noch zahlen für die
Verhaftung. Sie zuckte zusammen, hat aber nichts weitererzählt.
Sie zuckte nur zusammen und ging weg. Heute lächelt man darüber, aber damals war es gefährlich.

Um noch einmal auf die Wehrmacht zurückzukommen ... Nicht
alle Soldaten waren schlecht. Es gibt keine Kollektivschuld oder
Kollektivunschuld. Ich fahre seit sechzehn Jahren immer mal wieder aufs Land, ins Waldviertel, und ich spreche häufig mit den
jüngeren Frauen dort. Sie fürchten, daß es wieder einen Krieg
gibt, wenn diese ältere Generation tot ist. Ich finde auch, daß

die jungen Historiker sich nicht richtig in die Zeit damals hinein-
versetzen können und deshalb auch die Geschichte nicht richtig
beurteilen. Man kann eine Zeit nur nach ihren Möglichkeiten
beurteilen und nicht von heute auf damals schließen. Das geht
nicht.

Ja, aber Sie haben mit ihrem Leben gezeigt, daß es auch andere
Möglichkeiten gab.

Ja, aber ich war auch Soldat. Es wäre konsequenter gewesen, sich
ganz zu verweigern wie zum Beispiel der Jägerstätter, der allerdings mit dem Leben bezahlt hat. Es ist nicht so einfach. Ich
versuchte zweimal überzulaufen. Es war nicht möglich. Ich weiß
nicht, ob Sie wissen, daß die Familienangehörigen der sogenannten „Überläufer" ins KZ kamen? Außerdem hatte ich Angst,
erschossen zu werden, immerhin war ja Krieg. In unserer
Kompanie gab es zwei solcher Fälle. Einer blieb bei einem russischen Angriff einfach im Graben sitzen. Bei einem Gegenangriff
flüchteten die Russen allerdings wieder, und somit war sein
Versuch gescheitert. Der zweite Fall war ähnlich. Er konnte sich
später, Gott sei Dank, herausreden. Er erzählte, er habe sich verirrt und die Truppe nicht mehr gefunden.

Einige Male habe ich auch protestiert und mich auf die Genfer
Konvention berufen. Ich ging durch alle Instanzen. Man sagte
mir nur, daß die Genfer Konvention in einem Rußlandfeldzug
nicht gilt.

Einmal lag ich mit meiner Kompanie in Stellung. Ich sagte, sie
sollten auf keinen Fall schießen, damit wir nicht auffallen. Wir
lagen an einem Abhang, an dem unten ein Graben war. Im
Morgengrauen zogen die Russen vorbei. Wir waren zu viert, und
ich lag in der Mitte. Wir wollten alle keinen Krieg und über-
legten, uns gefangen nehmen zu lassen. Morgens griff dann die
russische Armee an. Das war irgendwie imposant: die Panzer,
neben ihnen die Infanterie... Sie kümmerten sich nicht um
Verwundete oder Verluste. Man sah, daß sie voller Zuversicht
waren. Einer von uns verlor die Nerven und schoß. Wir wurden

dann mit Granaten beschossen. Alle rannten davon, nur wir vier blieben übrig. Nachdem noch zwei weitere junge Burschen flüchteten, waren wir nur noch zu zweit: ein Rheinländer und ich. Die Russen kamen immer näher, wir wurden schon direkt beschossen. Wir beschlossen zu fliehen und liefen auf einen riesigen Acker. Wir wurden beide angeschossen. Auf dem Feld fanden wir noch einen aus unserer Kompanie. Er lebte noch ... Jedenfalls war es nicht so leicht, überzulaufen. Wir sprachen auch kein russisch. Das Tragische ist nur, daß heutzutage die „Kronen-Zeitung", „täglich Alles" usw. die Wehrmacht so lobpreisen und niemand etwas dagegen tut.

Wir versuchen ja, etwas dagegen zu tun ...

Fünfzig Jahre lang hat man nichts gemacht. Die Leute wurden wieder hochgejubelt. Am Sonntag marschieren im Waldviertel die Leute vom Kameradschaftsbund auf.

Warum machen die das? Die haben doch auch Schreckliches erlebt?

Es gibt einen wirtschaftlichen Druck. Diese Leute besaßen Sägewerke, Tischlereien ... Der Sparkassenleiter war der Führer vom Kameradschaftsbund und der Vizebürgermeister sein Stellvertreter. Es lag einfach vieles in den Händen dieser Leute. Es ist politisch sehr viel versäumt worden. Man hätte diese Leute ja auch in einem Antikriegsverein vereinnahmen können, aber das hat man nicht gemacht. Das waren politische Spekulationen, man glaubte, die Leute zu brauchen.

„Der Nationalsozialismus war eine Wiederbelebung"

Ich nehme an, Sie waren Kriegsteilnehmer. Würden Sie uns erzählen, wo Sie damals waren?

Ja, ich war im Frankreichfeldzug, das war ein sehr geordneter Feldzug auf beiden Seiten. Beide Seiten hielten sich an die bei der Wehrmacht, ich meine an die bei Armeen üblichen Regeln. Hier gab es keine Schwierigkeiten. Als dann der Rußlandfeldzug begann, war ich vom ersten Angriff an dabei.

Das war kein Überfall! Wir hatten sofort nach dem ersten Schuß Bomben und Granaten um die Ohren. Es war unser Glück, daß wir einige Tage vor dem russischen Angriff durchstießen. Nach diesem Durchstoß, der wie ein Blitz innerhalb von drei Stunden gelang, ließen wir die russische Armee hinter uns. Um die brauchten wir uns nicht mehr zu kümmern. Es gab nur ein Ziel: vorwärts, vorwärts, um zu gewinnen. Wir kamen in die Ukraine, nach Schitomir und Kiew, und wir nahmen Kiew ein. Die Dorfbewohner begrüßten uns teilweise sehr freundlich. Die Mädchen waren festlich gekleidet, die Menschen trugen Transparente, wir waren die Befreier.

Dann zogen wir an das Schwarze Meer in Richtung Stalingrad. Ich war bei einer schweren Artillerietruppe. Es ging darum, ans Schwarze Meer und auf die Krim zu kommen.

Die Wehrmacht half den Ukrainern sehr viel. Wir unterstützten sie bei der Einbringung der Ernte mit unseren Fahrzeugen. Es gab keine Probleme. Die Ukrainer waren durchweg unzufrieden mit ihren Kommissaren und den Kolchosenleitern, die ja fast alle Juden waren. Sehr viele Ukrainer liefen zu uns über. Wir nahmen sie mit großer Reserviertheit auf, verwendeten sie dann aber doch in den Feldküchen und als Arbeiter, um uns zu entlasten. Weiter im Süden stießen Tataren zu uns. Sie übernahmen als Hilfswillige, HiWi hieß das, verschiedene Dienste bei uns. Mit ihnen hatten wir kein Problem.

In Nikolajew sahen wir Tote im GPU-Gefängnis. Sie hatten alle ein gebrochenes Genick. Wir hörten zum ersten Mal, daß es den Genickschuß als Tötungsmethode gibt. Diese Genickschüsse waren in Rußland gang und gäbe. Die Wehrmacht hat sich dieser Methode dann auch bedient. Exekutionen durch die Wehrmacht gab es ja auch. Es gab ja Partisanengruppen, und wir hatten immer wieder Verluste durch Schüsse aus dem Hinterhalt. Wir konnten nicht das ganze Land durchkämmen. So war es auch bei der Schlacht von Sewastopol. Es war eine furchtbare Schlacht. Als wir die Stadt nach wochenlangen Kämpfen endlich einnahmen, versteckte sich die russische Bevölkerung, vor allem die Frauen und Kinder, in den Stollen. Diese sogenannten Champagnerstollen dienten als Schutz vor Angriffen.

Wir hatten die schwerste Artillerie, die es je gab: 84 cm starke Kanonen, die nur bei diesem Angriff im Einsatz waren. Die Schlacht war auf beiden Seiten ungemein verlustreich. Als wir in die zerstörte Stadt kamen, sprengten die ukrainischen Kommissare die Stollen, in denen die Frauen und Kinder Schutz gesucht hatten. In den Stollen lagen viele Leichen. Das war die Tätigkeit der Kommissare. Sie müssen sich vorstellen, daß wir ja immer in Gefahr waren, aus dem Hinterhalt überfallen zu werden. Es drohten Sabotageakte. Es blieb gar nichts anderes übrig, als wirklich strenge Maßnahmen zu ergreifen. Ich kannte General Böhme, ein ganz hervorragender Mann.

Die Dinge, die hier gezeigt werden, haben stattgefunden, aber es ging einfach nicht anders.

Ich nehme an, Sie waren Offizier?

Nein, ich war kein Offizier. Ich wurde erst im letzten Moment Offizier. Ich hatte kein Interesse daran. Ich wollte ja studieren. Ich befürchtete, nach dem Krieg ein großes Gebiet kontrollieren zu müssen, denn ich glaubte an einen Sieg. Ich glaubte, man habe dann keine Chance mehr, von der Wehrmacht wegzukommen, und ich wollte studieren. Ich hielt mich stark zurück und kam erst bei der Umschulung zum Verwaltungsinspektor in den Offiziersrang.

Sie waren Offizier. Sie haben gesagt, daß das, was hier gezeigt wird, notwendig war.

Ja, das war notwendig.

Können Sie sich an einzelne Ereignisse erinnern?

Naja, schon, ja. Einmal pflückte eine kleine Gruppe von uns im Jailagebirge auf der Krim Blumen. Es war zauberhaft. Auf einmal fiel ein Schuß aus nächster Nähe. Einer von uns, der Sanitäter, brach zusammen. Das passierte in einem Gebiet, das längst gereinigt war. Wir stellten eine kleine Gruppe zusammen, die das Gebiet durchkämmte. Wir griffen zwei Partisanen auf, die wir erschossen. Einen hängten wir unten auf der Straße an einem Laternenpfahl auf. Er sollte als Warnung dienen. Das war durchaus in unserem Interesse.

Schauen Sie sich jetzt die Sache in Jugoslawien an, dort unten geht es auch nicht sehr menschlich zu.

Diese illegalen Kämpfe der Partisanen sind nunmal Verbrechen. Das sind keine Verteidigungshandlungen. Nach dem Kriegsrecht sind das Verbrechen, und Verbrechen gehören bestraft. Es geht doch nicht, daß ein ukrainisches Mädchen, nur weil sie mit einem deutschen Landser auf der Straße gesehen wird, von den Partisanen umgebracht wird. Warum zeigt man diese Bilder nicht?

Vielleicht gibt es da keine, aber ich glaube schon. Sicher gibt es welche! Warum sortiert man so aus?

Vieles, was ich hier gesehen habe, habe ich mit eigenen Augen gesehen und erlebt, aber ich ... aber mir ist nicht bekannt, daß irgendwo etwas passsiert wäre, das ... keinen Hintergrund ... also unbegründet gewesen wäre. Wir haben nichts aus Mutwillen oder aus Hetz oder aus Haß getan. Daß es vielleicht Säuberungen gegeben hat, rückwärts, davon haben wir nie was gehört. Ich kann auch nicht dazu Stellung nehmen. Ich kann weder Ja noch Nein dazu sagen. Ich war in Rußland, ich war vorne und hinten, aber ich habe von Greueltaten nichts gehört, es sei denn, daß wirklich in einem Ort ... daß da ein Ort, wo mehrere ... und wo Einheiten waren, wo ... Was für uns entsetzlich war, das war ... eine Weiberkompanie, in der sogar Frauen im Krieg waren ... Das war für uns also ganz schlimm. Das war ganz schlimm.

Wie war das? Erinnern Sie sich, wo das war?

Ja, schon. Ich meine, daß eine Frau ... das war so ganz gegen unsere Ordnung und gegen unseren soldatischen Begriff ... Wir haben das mal erlebt, also da ist ... Gott ... auf dem Straßenrand ... eine Russin gewesen in einer Uniform, die Hosen hat man ihr ausgezogen und die Schenkel auseinander und so hat man sie auf der Straße dann hingelegt. Das ist also ein Ausdruck gewesen, der bestimmt unter den wilden Landsern ... irgendwie, wir waren ja Männer unter uns, also hier konnte schon irgendwie Haß und Unverständnis in Zorn ... überschlagen. Ohne weiters. Das muß man verstehen.

Das heißt, man hat sie ausgezogen ...

Nein, nein. Sie ist erschossen worden.

Sie ist erschossen worden.

Sie ist erschossen worden, ja. Wir sind beim Angriff des Tatarengrabens – das ist ein Befestigungsgraben, der die Insel Krim vom Festland abschneidet, der schon aus vorigen Jahrhunderten stammt und wieder befestigt war und ... über den ein Drüberkommen ja kaum normal möglich war – wir sind mit schwerer

Artillerie aufgefahren, wir haben beim Angriff heftigst geschossen, aber in den Graben selber zu treffen, das bringt nichts. Gott sei Dank ist eine SS-Einheit dann eingesetzt worden, die also ... wenn es hart auf hart ging, wenn wirklich ein Brennpunkt war, ein schwieriger, dann ist Gott sei Dank ... die SS ... sagen wir, dort verheizt worden oder dort hineingesetzt worden. Die sind durch die Sümpfe, durch das faule Meer durch und haben von der Flanke her einen Angriff gestartet, der militärisch nicht sehr wuchtig war, aber doch Verwirrung bei den Russen hervorgerufen hat. Diese Verwirrung konnten wir dann ausnutzen und den Tatarengraben – die Infanterie – unter hohen Verlusten überwinden. Und unter den vielen toten Russen, die ja heldenhaft gekämpft haben und mit einer solchen Sturheit, die uns, möchte ich fast sagen, fremd war, mit einer solchen ... mit einer solchen Lebensverachtung, überhaupt war das so typisch für den Russen, diese Gleichgültigkeit dem Leben gegenüber, die uns oft erschreckt hat ... Nun ja, da war ein Frauenbataillon eingesetzt, ein Weiberbataillon, nicht? Das war also für uns zur damaligen Zeit, war das also ... etwas also ganz Neues. Natürlich, wir hatten Blitzmädel, wir hatten Krankenschwestern und so. Die Blitzmädel sind dann ja auch in sehr exponierte Situationen gekommen, aber sie hatten keine Waffen. Die haben ja nicht in den Kampf eingegriffen, das war also uns echt fremd. Und umso größer war das Entsetzen, daß uns ein ganzes Bataillon Weiber gegenüberstand. Wenn man dann acht Tage später ... oder drei Tage später über das Schlachtfeld gefahren ist, dann waren ihre Leiber wie dicke Blunzen von der ... Hitze, vom Faulvorgang bereits, also aufgebläht ... ein scheußlicher Anblick. Also es war ... also entsetzlich. Und wenn man so etwas erlebt hat, dann ist das hier eigentlich etwas, das einen gar nicht erschüttert.

Sie sagten, die Frauen wurden von den deutschen Soldaten ausgezogen?
Naja, nicht alle. Vereinzelt kam das durchaus vor, aber eigentlich kümmerte man sich um solche Leiber nicht. Die lagen da wie die toten Pferde, die nach drei Tagen den doppelten Leibesumfang

haben. Wenn es fault und gärt, entwickelt sich auf einem Schlachtfeld ein ungeheurer Gestank. Wir trieben natürlich Russen zusammen, um diese Leichen zu bestatten. Zu so etwas verwendete man meistens russische Gefangene, die eben deshalb nicht erschossen wurden. Die waren in riesigen Lagern untergebracht und mußten auch verpflegt werden.

Als die Russen, kurz bevor sie abzogen, alles verbrannten, war die Zivilbevölkerung auf die Wehrmacht angewiesen. Wir organisierten das gleich, die Deutschen sind ja da sehr tüchtig. Das hat auch ruck-zuck geklappt. Es kamen auch Verwaltungsinspektoren, die versuchten, diese Kolchosen weiterzuführen. Die vorgesehene Umwandlung in Privatbesitz war jedoch nicht durchführbar. Man mußte mit den vorhandenen Maschinen wirtschaften. Die Wehrmacht setzte Kettenfahrzeuge und Soldaten zum Einbringen der Ernte ein. Das kam der Zivilbevölkerung natürlich zugute. In Nikolajew bekamen auch wir Landser Brot, das ganz scheußlich schmeckte, weil es in verrauchten und verkohlten Kornhaufen gebacken wurde. Die Russen schütteten das Getreide auf den Sammelstellen zu kirchturmhohen Pyramiden auf. So lag es das ganze Jahr über und wurde nach Bedarf abtransportiert. Ratten und alles mögliche lebten dort. Das ist eine Wirtschaft, die wir uns hier gar nicht vorstellen können.

Warum führte man eigentlich diesen Krieg? Sie sagten, das war ein Präventivschlag?

Ja.

Was haben Sie sich damals vorgestellt, warum man diesen Krieg führt?
Haben Sie sich auch vorgestellt, wie es im Osten ausschauen wird, wenn
man den Krieg gewinnt?

Also ...

Was waren Ihre ideologischen Vorstellungen?

Es gab keine ideologischen Vorstellungen, es ging ausschließlich
um die militärische Gefahr. Rußland verhandelte mit England.
Hitler nahm dann mit Stalin Kontakt auf, weil die Engländer ihm
keine Zugeständnisse hinsichtlich Polens machten. Hitler sagte:
„Na, teilen wir es auf. Du kriegst die eine Hälfte, ich die andere
Hälfte." Und so geschah es auch.

Ja, das war der Hitler/Stalin-Pakt, das war 1939.

Eben. Die Deutsche Wehrmacht stand mit der russischen Armee
immer in sehr enger Verbindung. Nach dem Ersten Weltkrieg durften die Deutschen ja keine schweren Waffen haben. Eine Armee
läßt sich das natürlich nicht so leicht gefallen. In der
Zwischenkriegszeit gab es eine enge Verbindung zwischen der
Deutschen Wehrmacht und der Roten Armee. Erst 1933, unter
Hitler, wurde das eingebremst. Die deutschen Offiziere wurden in
den 20er und 30er Jahren in Panzerführung und Taktik in
Rußland ausgebildet. Sie kannten die russischen Panzer und hatten viele Kontakte. Deswegen war Deutschland auch so gut informiert, hinzu kamen noch Spionageinformationen.

Wenn ich Ihnen erzählen darf, wie der russische Krieg begann: Wir bauten in der Nacht unsere Geschützstellungen auf und tarnten sie. Vor Morgengrauen zogen wir uns zurück und verbargen uns in den Wäldern Polens. Am Abend dieses Tages hieß es dann: „Ab morgen haben die deutschen Flugzeuge gelbe Flügelspitzen und einen dicken gelben Streifen." In diesem Moment flog sehr hoch am Himmel eine Maschine die Frontlinie entlang, wir sahen, daß es eines unserer Flugzeuge war. Als wir den ersten Schuß abfeuerten, bekamen wir schlagartig die ersten Bomben ab. Da kamen die russischen Bomber, die genauso aussahen wie die deutschen. Deshalb bekamen die deutschen Flugzeuge ja auch die markanten gelben Flügelspitzen.

Als wir das Feuer eröffneten, wurde sofort zurückgeschossen. Der Russe ist also nicht im Schlaf überfallen worden. Natürlich wußte er nicht den genauen Tag. In der eingenommenen Kaserne lagen sehr viele tote Russen, einige trugen Nachthemden. Um drei Uhr morgens begann der Angriff und der Feuerschlag. Wir sind richtiggehend hineingestochen. Es gab durchaus eine Front. Der Russe war auf diese Kriegstaktik nicht vorbereitet und dementsprechend verwirrt. Diese Verwirrung war unsere große Chance, die wir nützten.

Welche Bedeutung hatte der „Kommissarbefehl" in diesem Eroberungskrieg in Rußland?

Ich weiß nicht, was sie meinen ...

Es gab den Befehl, daß jeder Kommissar ...

... jeder Kommissar erschossen werden soll, ja.

Und, daß die jüdische Bevölkerung ...

Von der jüdischen Bevölkerung wußten wir nichts. Wir haben nichts gehört von der jüdischen Bevölkerung.

Sie haben keine Juden gesehen?

Wir hörten nur von den Ukrainern, daß die Kommissare, vor allem die Leiter der Kolchosen, Juden seien. Vor allem die Ukrainer brachten ihre Kommissare um. Ich war die ganze Zeit draußen, Massenerschießungen von Juden sah ich nirgends. Ich weiß nicht, wo das war. War das weiter hinten? Ich weiß es nicht.

Und Gettos?

Judengettos? Ja, ich sah welche auf dem Durchmarsch durch Polen. Das waren richtige Judenstrecken, bei deren Anblick mich das Grauen packte.

Waren das Gettos, die es schon vorher gab?

Nein, nein, nein! Das waren kleine Städte und Ortschaften. Auf der einen Seite der Straße waren die Häuser der Juden, die man durch den Namen oder Schilder erkannte, gegenüber waren die Häuser der Bauern.

Und warum war das so schrecklich?

Einmal kamen kleine Judenbuben aus den Häusern und sprachen uns an: „Du da! Komm, fick, fick." Seine Schwester hätte sich gerne für ein paar Mark vögeln lassen, doch wir haben das nicht gemacht. Wir waren doch irgendwie gegen Juden eingestellt. Es gab auch in Österreich einen latenten Antisemitismus. Vielleicht besonders in Österreich, auch vor 1938. Dieser Antisemitismus wurde durch solche Ereignisse noch verstärkt.

Es wird doch immer erzählt, daß die Wehrmacht auch Juden registrieren mußte?

Ja, also das ...

... Judenerschießungen ...

Ich bin davon überzeugt, daß die Wehrmacht Juden registrierte. Diese Sache mit den Partisanen war keine Kleinigkeit. Einmal beteiligten wir uns an einem Einsatz gegen Partisanen. Die Russen informierten uns über diese Partisanen. In einem Dorf, 50 oder 100 km vor Leningrad, gab es einen Anschlag von Partisanen. Wir mußten die Eisenbahn verlassen, um unsere Geräte und die Waffen zu schützen. Die Russen zeigten uns den Weg zu dem verlassenen Dorf. Wir zündeten alles an. Das war eine Aktion im Hinterland. An der Front hörten wir immer wieder von Partisanen im Hinterland. Auf dem Weg von der Front nach Hause nahmen wir immer unsere Gewehre mit, da wir das

Partisanengebiet durchqueren mußten. Dieses Partisanenwesen war eine sehr üble Sache und widerspricht der europäischen Ansicht über Kriegführung. Das konnte man auch in Jugoslawien beobachten. Partisanen sind Verbände von Zivilisten, die zu keinem oberen Kommando gehören. Das sind Verbrecher.

Die haben keine eigenen Uniformen. Das waren Räuberzivilisten, bzw. waren es Teile der jugoslawischen Armee, die kapituliert hatte. Nach einer Kapitulation stehen sie unter keinem Kommando. Sie waren nicht als Armeeangehörige zu erkennen, wenn sie hinten kämpften. Die Partisanen sind nicht in Uniform aufgetreten.

Es gab in Rußland sogar jüdische Partisanenverbände.

Kann sein, ja. Kann sein.

Auf die sind Sie nie gestoßen?

Nein.

Und haben Sie KZs gesehen?

Nie.

Oder davon gehört? Haben Sie damals davon gehört?

Nein.

Haben Sie gewußt, was mit den Juden geschieht?

Nein.

Aber eigentlich wußte man das doch, das stand doch schon in „Mein Kampf".

Nein, wie konnte man das wissen? Im „Kampf" steht nichts über KZs und nichts über Vernichtung, im ganzen „Kampf" nicht.

In Hitlers „Mein Kampf" steht, daß ein Ziel dieses Krieges die Schaffung des „Lebensraums im Osten" ist.

Von „Lebensraum im Osten" steht da nichts. Ich habe „Mein Kampf" nicht auswendig gelernt, aber natürlich hatten wir das Buch.

Ich dachte, daß der Kampf gegen den „jüdischen Bolschewismus" ein Kriegsziel war. Das war doch ein hoher Befehl.

Ja, man kann aber nicht sagen, daß das ein Kriegsziel war. Die Ausrottung des Bolschewismus war allerdings ein Kriegsziel, deshalb gab es ja auch den Angriff auf Rußland.

Wir hatten kein Interesse an einem langen Krieg. Wir waren jung, wir wollten was vom Leben haben, wir wollten studieren, wir sahen die Welt offen vor uns liegen und stellten uns eine blendende Zukunft vor.

Wie haben Sie sich die Zukunft vorgestellt?

Ja ...

Haben Sie sich vorgestellt, daß Sie den Krieg gewinnen?

Ich wollte immer in eine Kolonie. Damals gab es noch Lettow-Vorbeck. Es gab Deutsch-Südostafrika und Deutsch-Südwestafrika. Für mich als Österreicher war das interessant und spannend. Warum nicht? Es war für uns eine neue Möglichkeit.

Was wollten Sie in den Kolonien machen?

Arbeiten, kolonisieren. Die Engländer und Franzosen hatten ja auch Kolonien, Deutschland eben auch. Das ist doch eine schöne Aussicht für einen jungen Menschen. Heutzutage gehen ja auch viele junge Menschen in Entwicklungsländer.

Das erstaunt mich jetzt. Sie sagten doch, daß es in den Dörfern, in denen Juden waren, grauenhaft und schmutzig aussah. In den Kolonien sah es wahrscheinlich nicht anders aus.

Sicher haben Sie recht. Aber das hier ist Europa, und hier ist das ein eigenartiger Eindruck. Als wir später in der Ukraine waren, sahen wir blitzsaubere Häuser, blitzsauber. Die Menschen und die Mädchen hatten hübsche Kleider. Auch die Kolchosen waren sauber. Natürlich lag überall Gerümpel. Das ist auch heute noch so. Das finden Sie noch heute in der Tschechoslowakei, wobei die in den letzten drei Jahren sehr viel geleistet haben. Ich fahre oft hinüber und diese Entwicklung ist sehr erfreulich. Aber vorher war es eben russisch, nicht? Die Bevölkerung hat lange unter dieser Lethargie und dieser fehlenden Energie gelitten.

In der Ukraine gab es doch auch viele jüdische Städte.

Ich weiß es nicht ...

Das waren ja nicht nur Ukrainer.

Wir waren eine kämpfende Truppe, wir kamen gar nicht in die Stadt. In Frankreich waren wir auch nie in den Städten, sondern hatten unser Quartier weiter draußen. Ich sprach Französisch und war nach dem Frankreichfeldzug Dolmetscher. In einem Gefangenenlager war ich mit Franzosen, mit Parisern, intelligenten Männern, zusammen. Ich dolmetschte auf der Kommandantur und hatte auf diese Weise Kontakt zu dem Bürgermeister und anderen Menschen. Wir organisierten in Bauernhöfen und Häuschen ein paar Zimmer, so daß die Frauen der Gefangenen aus Paris kommen konnten, um ihre Männer zu treffen. Der Mann bekam für eine Nacht Urlaub und konnte sie mit seiner Frau verbringen. So war unser Verhältnis zu den gefangenen Franzosen, nachdem der Krieg mit Frankreich zu Ende war.

Wie war das in Rußland? Da hatten die Soldaten ja sicher auch das Bedürfnis nach einer Frau. Was hat man da gemacht?

Das gewöhnten wir uns bald ab. Natürlich richtete man in den größeren Ortschaften Bordelle ein.

Waren da russische Frauen?

Das waren russische Frauen und zum Teil ... ja. Sie wurden nicht gezwungen, das war ihr Beruf. Aber ich glaube, daß nur wenige davon Gebrauch machten. Nur wenige hatten überhaupt die Gelegenheit dazu.

Warum?

Weil man irgendwo draußen im Einsatz war. Man kam zwar hin und wieder in eine Stadt, aber eigentlich hatten wir in der Stadt nichts verloren. Wir waren Kanoniere und kämpften dauernd am Geschütz. Hinzu kam die komplizierte wirtschaftliche Organisation. Der Verkehr stand ununterbrochen still, weil die Eisenbahnlinien gesprengt wurden. Wir durchkämmten die gesamte Umgebung. Wenn wir jemanden antrafen, der da nicht hingehörte und keinen Arbeitsplatz hatte, hat man nicht lange gefragt, ob er erschossen wird oder nicht. Man konnte die Verdächtigungen nicht beweisen, sicher sind manche umgekommen, die ... Zumindest hatten die Aktionen einen warnenden Effekt für die Bevölkerung. Es kamen auch immer wieder Menschen, die die Partisanen verrieten. Die Bevölkerung wußte ja, daß es Folgen haben könnte, wenn sie das nicht tut. Die

Partisanen waren den Dorfbewohnern auch nicht recht. Die
Partisanen brauchten Lebensmittel und holten sich die im Dorf.
Wer hat eigentlich entschieden, wer erschossen wird und wer nicht?
Entschied das jeder für sich?

Wenn wir ein als Partisanengebiet bekanntes Gelände durchkämmten, erschossen wir alles, was kreuchte und fleuchte. Auch wenn es
zufällig eine Frau war, aber das passierte selten. Zunächst passierte den Frauen nichts. Gab sie aber eine falsche Auskunft, wurde sie
als Partisanin behandelt. Es gab in der russischen Armee ja
wirklich die Flintenweiber! Die verachteten wir sehr. Wir verab-
scheuten sie. Das ist doch kein Geschäft für Frauen. Auch bei uns
in der Wehrmacht gab es eine Menge freiwilliger Mädchen, knapp
hinter der Frontlinie: Rotkreuzschwestern und Blitzmädchen. Das
waren wirklich hervorragende Frauen. Junge Mädchen, die
ungeheuer viel auf sich nahmen und die eine Augenweide waren.

Sie sprachen von den „Flintenweibern", und da habe ich noch eine
anschließende Frage: Es gab doch auch einen Befehl, der besagte, daß
auch Kinder Spione seien und demnach genauso zu behandeln seien, und
daß alle männlichen Juden erschossen werden sollten.

Davon haben wir nie etwas gehört. Nein, solche Dinge sind nicht
zur Wehrmacht gekommen.

Wir hatten nie etwas mit Kindern zu tun. Diese Flintenweiber
waren Partisanen, aber es gab auch Frauen in regulären
Einheiten. Das ging uns schon sehr an die Nieren. So etwas ließ
einen Soldaten nicht gleichgültig. Wir wahrten deshalb auch
diese Distanz zur weiblichen Bevölkerung.

Vor Leningrad kamen einmal zwei Russinnen herein. Schön gebau-
te Frauen, die Verletzungen durch eine russische Splitterbombe
hatten. Keine schweren Verwundungen, aber sie wurden sofort
operiert. Als ich zwei Tage später dort vorbei kam, schaute ich
rein und fragte: „Was habt Ihr mit den Mädeln gemacht?" Eine
von ihnen war eine fesche Frau und einen Busen hatte die! So
blödelte man unter Landsern. Wir schickten sie sofort nach Hause.
Schon allein, um die Landser nicht aufzuregen. (lacht)

Die Dinge, die ich in der Ausstellung sehe, belasten mich nicht sehr. Man hat es erlebt, man mußte es erleben, man hat es überlebt, es ist nicht schockierend. Hier fehlt der ganze Hintergrund, es ist sehr konzentriert zusammengefaßt. Was hier gezeigt wird, war doch nur ein winziger Teil vom ganzen Krieg.

Es sind immerhin Millionen Menschen dabei umgekommen. Russische Kriegsgefangene, die ...

Mein Gott, es sind ja auch viele Kameraden umgekommen! Aus meiner Schulklasse blieb über die Hälfte im Krieg. Wir machten 1938 Matura und schon im Januar 1939 mußten wir einrücken.

Das heißt, für Sie gehört das alles zum normalen Krieg dazu?

Ja, das gehört zum normalen Krieg dazu.

Also auch die Erschießungen?

Nein, nein. Nein, das ist kein normaler Krieg. Der normale Krieg ist so, wie wir ihn gegen Frankreich führten.

Was war anders in Rußland?

Normalerweise ist das so: Eine Armee kämpft, und wenn sie geschlagen ist, ergibt sie sich. Doch was machten die Russen mit den Landsern? Sie kämpften bis zum Letzten und mußten sich ergeben. Sie wurden aber nicht gefangengenommen, sondern erschossen. Ein Schulkollege von mir mußte sich ergeben, man schoß ihn nieder und warf ihn in eine Grube. Viele solcher Gruben hob man später aus. Die Russen machten keine Gefangenen. Damit gaben sie sich nicht ab.

Sie sprechen vom Partisanenkrieg?

Nein, das waren reguläre Soldaten, die von den Russen umgebracht wurden.

Zuerst sagten Sie, daß ...

In Deutschland gab es keine Partisanen. Das war uns absolut fremd.

Aber der Krieg fand ja nicht in Deutschland statt!

Selbst wenn er in Deutschland stattgefunden hätte ... Er hat ja auch in Deutschland stattgefunden!

Naja, zum Schluß, das war dann ...

Ja, zum Schluß, ja gut ...

Die Partisanen verteidigten doch ihr Land. Die Deutschen sind dort
fremd, Rußland war ja nicht deutsche Heimat.

Dieses Partisanenwesen gab es früher auch. Auch in der napoleoni-
schen Zeit gab es die Francs-tireurs. Doch das gibt es bei regulären
Armeen nicht. Das sind Verbrechen. Für die Résistance kann man
ein gewisses Verständnis haben. Diese Freischärler sind Idealisten.

Wieviele Partisanen erschoß man für einen deutschen Soldaten?

Keine Ahnung. Das weiß ich nicht.

Und wie war das mit den russischen Kriegsgefangenen? Von denen wur-
den ja auch sehr viele erschossen.

Davon weiß ich nichts. Die Kriegsgefangenen saßen völlig lethar-
gisch da, sie waren verlaust und verdreckt. Man transportierte sie
mit Lastautos in Lager. Gesehen habe ich so ein Lager nie.

Man hört doch immer von Erschießungskommandos, die die Gefangenen,
die nicht mehr gehen konnten, vor Ort erschossen.

Ich denke, daß die, die nicht mehr gehen konnten, von ihren
Kameraden getragen wurden.

Man hört doch, daß die von Wehrmachtssoldaten erschossen wurden.

Nur, wenn die Russen ihn nicht trugen! Der Russe ist da gleichgültig. Der Russe ist ungeheuer gleichgültig. Einmal saß einer am
Straßenrand mit einem zerschossenen Arm. Er sagte immer nur:
„kaputt, kaputt, kaputt" und blieb sitzen. Ohne freundliche
Einladung und Zuspruch blieb er einfach sitzen. Die haben eine
Gleichgültigkeit an den Tag gelegt, die uns völlig fremd und
unverständlich war. Das war ein Problem.

Aber die Deutsche Wehrmacht hat doch Millionen Russen umgebracht. Da
kann man doch auch von Gleichgültigkeit sprechen!

Das war im Krieg. Die Wehrmacht war eine kämpfende Truppe.

Aber es wurden doch auch Zivilisten erschossen.

Wir bombardierten natürlich auch die Städte. Sicherlich kamen
viele dabei um. Das haben doch die anderen auch gemacht. Die
warfen auch Bomben auf unsere Städte, oder etwa nicht? Oder
gab es in Wien etwa keine Ziviltoten?

Ich meine die jüdische Bevölkerung.

Ich habe nichts gesehen. Ich sah nichts, und ich hörte auch nichts von Judenerschießungen. Ich war den ganzen Krieg über dabei, ich kannte die Strukturen.

Als Hitlerjunge in Berlin erlebte ich einen schweren Bombenangriff in Spandau. Dabei zerriß mir eine Luftmine die Trommelfelle. Nach dem Angriff kroch ein kleiner Bub in HJ-Uniform mit kohlrabenschwarzem Gesichtchen aus dem Schutt. Er sagte, er habe acht Brandbomben entschärft. Ein kleiner Bub! Kurze Zeit später war ich in einer ehemaligen Schule zur Luftschutzwache eingeteilt. In diesem Gebäude war der Wehrwirtschaftsstab untergebracht. Bei einem Bombenangriff machten wir mit unseren bloßen Händen 20 Brandbomben unschädlich. Alle halfen mit: alte Männer genauso wie kleine Buben. Die Bevölkerung hat schon sehr, sehr viel ertragen.

Waren Sie bei der Partei?

Nein, ich war nur in der Hitlerjugend.

Und vor 1938? Wie haben sie das Jahr 1938 erlebt?

Wenn ich Ihnen das erzähle, sperren Sie mich ein. Also sage ich Ihnen nichts.

Warum? (lacht) *Wer wird Sie deswegen einsperren?*

Wenn Sie mich nicht einsperren, erzähle ich es Ihnen.

Heute wird niemand mehr eingesperrt!

Ja.

Heute kann jeder sagen, was er will.

Diese letzten Tage im März 1938 waren ziemlich turbulent. Es war ganz klar, daß irgendetwas geschehen wird, geschehen muß. Die Kommunisten und die Sozialisten fuhren nach der Rede von Schuschnigg durch die Stadt. Die Sozialisten und Nationalsozialisten waren verboten. Alle waren auf der Straße. Es hat gekocht. Und dann an diesem 11. März, – oder war es der 12. März?

Der 11.

Der 11. März, ja. Am 11. März gingen wir vom Turnunterricht nach Hause. Wir erfuhren, daß die Jungschar in Döbling Gewehre in ihr Vereinslokal gebracht hatte. Ich ging nach Hause und dachte mir, daß jetzt irgendetwas passiert. Ich ging runter ins Geschäft und kaufte Kerzen und Streichhölzer, denn ich erinnerte mich noch gut an den Februar 1934, als die Sozialisten putschten und überall gestreikt wurde. Damals hatten wir kein Licht und deshalb dachte ich, daß es gut wäre, Kerzen zu haben. Meine Mutter war nicht in Wien, und ich hatte kein Geld, also ließ ich anschreiben, denn ich dachte: „Jetzt geht es los." Um vier Uhr nachmittags wurde es auf den Straßen totenstill. Seltsam still. Man sah und hörte nichts. Ich saß mit zwei Freunden vor dem Radio. Plötzlich marschierten Gruppen junger Menschen in kurzen Hosen vorbei. Das waren junge Burschen, sie trugen alle weiße Stutzen. Das war damals modern, aber vor allem war es das Erkennungszeichen der Nazis.

Wir liefen auf die Straße, und die Gruppen zogen Richtung Innenstadt. Plötzlich tauchten überall Hakenkreuzfahnen auf. Ich lief wieder nach Hause und bat meine Schwester, mir eine Hakenkreuz-Armbinde zu nähen. Sie nähte mir eine Armbinde aus rotem Stoff. Mir dauerte das viel zu lang. Ich lief wieder hinunter und rannte mit in die Innenstadt. Plötzlich kamen von allen Seiten Jungs und Mädeln in Marschblocks mit Hakenkreuzfahnen. Es waren auch ältere von der SA dabei. Am Stephansplatz war eine riesige Menschenmenge. Alle sangen, alle kannten die Lieder. Nachdem wir die halbe Nacht auf der Straße waren, gingen wir nach Hause.

Ich erinnere mich noch daran, daß die Burschen, die illegale HJ, und die Mädeln, der illegale BDM, gemeinsam in Blöcken gingen. Sie brachten die Mädchen nach Hause, weil alle Angst hatten, daß die Kommunisten oder andere wieder eine Gegenaktion machen. Man achtete darauf, daß den Mädchen nichts geschah. Das imponierte mir ungemein.

Am nächsten Tag wußte man nicht, wie es weitergeht. Es war offensichtlich, daß der Bürgerkrieg ausgebrochen war. Dann kam die Nachricht, daß die Wehrmacht da sei. Das war eine große

Erleichterung. Wir rechneten mit einem Bürgerkrieg, mit Schieße-
reien. Plötzlich war alles anders: Es gab in einem unbeschreib-
lichen Ausmaß Hakenkreuzfahnen. Aus Stoffetzen und Bettüchern
zusammengeschneidert, man konnte das ja nicht kaufen.

Hatten Sie am nächsten Tag auch eine Armbinde?

In meiner Klasse gründeten wir sofort eine Gruppe. Das war in
Döbling nicht schwer. Ich war zuerst bei einer bündischen
Jugendgruppe, die von Molden gegründet worden war. Später
sahen wir, daß dort Kleinkalibergewehre aus der Schule deponiert
worden waren. Wir bekamen ja schon unter Schuschnigg eine
paramilitärische Erziehung. In unserer Schule gab es schon vor
Hitler einen Kleinkaliberschießstand im Keller.

War Fritz Molden auch dabei?

Ja, Fritz Molden. Es gab die „Bündische Jugend". Das war eine
sehr beliebte Sache, zum Teil konfessionell, sehr christlich, mit
einem nationalen Einschlag. Ich glaube, das hieß „Neuland",
aber ich weiß es nicht mehr genau. Die beiden Brüder Molden
führten auch eine kleine Gruppe an. Ich war ein paarmal dabei.

Wurde das verboten, als die Nazis kamen?

An diesem 11. März wurde das Lokal aufgebrochen. Die
Kleinkalibergewehre und die Lebensmittel waren weg. Es war
Bürgerkriegsstimmung und jeder arrangierte sich irgendwie.

War das eine gute Zeit für Sie?

Ja. Ich weiß nicht, warum, aber schlagartig änderte sich alles.
Die Menschen konnten plötzlich wieder bezahlen. Ich weiß nicht,
warum. Mein Vater hatte ein Geschäft. Wir hatten Schulden und
lebten sehr bescheiden. Mein Vater besaß einen Holzplatz und
verkaufte Brennmaterial. Die Menschen mußten Holz kaufen,
denn sie konnten die Gasrechnung längst nicht mehr bezahlen.
Eine Tante von mir arbeitete als Kassiererin, die hatte ohnehin
nichts zu tun. Sie trug die Schulden in ein Buch ein, es konnte ja
keiner bezahlen. Wir sahen nie Geld. Ich ließ bei einem Schuster
Schuhe anmessen, weil der die Lebensmittel, die er brauchte,
nicht bezahlen konnte. Ich bekam dafür ein paar Schuhe, zwei

Nummern zu groß – zum Hineinwachsen. Damit war das Konto wieder ein bißchen ausgeglichen. Die Schuhe brauchte ich eigentlich nicht.

Und dann war plötzlich alles anders. Es gab wieder Arbeit. Einige sind eingerückt, einige junge Leute kamen zum Arbeitsdienst. Viele gingen nach Deutschland. Das ging alles unglaublich schnell. Innerhalb kürzester Zeit besaß ich ein Fahrrad. Das war so viel wert, wie heutzutage ein Auto. Auf einmal konnten wir es uns leisten, mit der Eisenbahn zu fahren. Früher fuhren wir mit dem Dampfschiff in den Urlaub, weil das billiger war als die Eisenbahn. Die Mutter versetzte das Silberbesteck, damit wir mit dem Dampfschiff nach Linz zum Großvater fahren konnten. So war das die Jahre vorher. Und auf einmal war alles anders. Man konnte plötzlich per Anhalter bis nach Hamburg fahren. Das war unfaßbar für uns.

Es war selbstverständlich, zur HJ zu gehen, die allerdings nicht jeden aufnahm. Die wollten hübsche Mädchen und stramme Burschen. Ich kam natürlich in die HJ.

Was haben Sie bei der Hitlerjugend gemacht?

Jede Woche gab es für jede Gruppe einen Heimabend. Wir sangen Lieder, lasen aus dem „Kampf" vor und diskutierten darüber. Die Buben bekamen eine militärische Ausbildung, aber das hatten wir auch schon vorher in der Schule. Das gefiel allen. Sonntags wanderten wir, machten Geländespiele und trieben Sport. Gute Leistungen wurden gefördert. Manche kamen gleich in ein Reichssportlager. Es gab so viele Möglichkeiten!

Im Laufe der Zeit fiel einem dann diese Herumkommandiererei und dieses feste Eingebundensein ein wenig auf die Nerven. Das Ganze flachte mit der Zeit deutlich ab.

Sie haben vorhin davon gesprochen, daß die „deutsche Rasse" die „Herrenrasse" war.

Nachdem der Erste Weltkrieg verloren war, tat uns das gut. In St. Germain wurde ja das Anschlußverbot ausgesprochen, obwohl der Unterschied zwischen Österreichern und Deutschen damals nicht

groß war. Alle fühlten, daß wir ausgeliefert waren und niederge-
halten wurden. Dafür hatten wir kein Ventil. Die „Idee
Österreich" war uns zu wenig, denn es ging allen schlecht. Der
überwiegende Teil der Bevölkerung war davon überzeugt, daß das
wirtschaftlich nicht zu schaffen sei.

Wie war das mit der „Herrenrasse"?

Damit tat sich die SS hervor, aber im allgemeinen wurden keine
Unterschiede gemacht. Wir waren ja keine anderen Menschen, nur
weil es Hakenkreuzfahnen gab. Wir waren noch immer die gleichen.

Man grenzte sich aber doch gegenüber den Slawen und den Juden ab?

Das taten wir vorher auch.

Wie erkannte man die?

Die mauschelnden Juden hatten wir ja zur Genüge. Die standen
überall herum. Der Konkurrenzkampf war sehr hart, und das
brachte die Geschäftsleute sicher sehr gegen die jüdischen
Geschäfte auf. Es gab einfach zu viele Geschäfte.

Zuviele jüdische Geschäfte?

Natürlich, man dachte, wenn die Juden weg seien, hätten wir es
leichter. Wozu brauchten wir die Juden? Es kamen ja so viele
nach Österreich. Sie wissen ja, auch Wiesenthal kam nach Wien,
nur weil er in Polen nicht studieren durfte. Das ist nur ein
Beispiel, aber er war ja nicht der einzige. Diese Zuwanderung
warf Probleme auf. Es wäre sicher eine andere Lösung möglich
gewesen, wenn es dem Volk nicht so schlecht gegangen wäre.

Von der Vertreibung bekam man nicht so viel mit. Ich weiß nicht, wann diese Judenverfolgung begann. Man wußte natürlich, daß die Juden aus den öffentlichen Ämtern hinausflogen, aber das nahm man nicht so tragisch. Bei uns im Haus lebten auch Juden – sehr nette Leute. Er war ein höherer Beamter bei der Gemeinde. Als er seine Arbeit verlor, arbeitete er privat als Steuerberater.

Und dann?
    Nichts. Er hat einfach überlebt.
In Wien?
    Ja.
Während des ganzen Krieges?
    Ja, während des ganzen Krieges. Ich sah dann nichts mehr, es war ja Krieg. Ich war im Krieg und kam gelegentlich für zwei Wochen Fronturlaub im Jahr nach Hause. Das war nicht viel.
Aber während der „Kristallnacht" waren Sie schon noch in Wien?
    Ja, das ist richtig.
Da müßten Sie eigentlich etwas gemerkt haben?
    Ja, schon. Mein Vater wohnte in der Nähe der Schmalzhofgasse. Er erzählte, daß der Tempel dort angezündet wurde und niederge- brannt ist. Das regte uns nicht auf.
Waren Sie zufrieden?
    Ja, irgendwie schon. Wir wollten ja, daß die Juden auswandern. Zwar nicht so viele, aber zumindest ein Teil. Als die SA marschierte und „Des Juden Blut vom Messer spritzt, da geht's

nochmal so gut" sang, war das doch ein wenig übertrieben, aber es kommt doch überall vor, daß man übertreibt und über's Ziel hinausschießt. Insofern waren alle, die diese Zeit erlebten und etwas Positives daran fanden, Nazis. Alle, die eine Art Erleichterung empfanden und eine gewisse Ordnung darin sahen. Ich fühle mich deshalb nicht als Verbrecher. Ich beging auch keine Verbrechen. Diese Gesinnung war einfach im Sinne der Zeit. Der Glaube an Deutschland brachte so viele Zukunftsaussichten. Es war eine Wiederbelebung.

Auch unseren Eltern dürfen wir das nicht vorwerfen. Die machten den Ersten Weltkrieg mit, waren draußen an der Front. Als sie dann heimkamen, hieß es: „Dieser Rest ist Österreich." Dieses Österreich war davon überzeugt, nicht alleinbleiben zu können. Wir konnten uns nicht selbst erhalten, wir konnten uns nicht verteidigen. Sämtliche Parteien waren für den Anschluß an Deutschland und dachten, Österreich ist Deutschösterreich. Dieses Wort hatte zwei Bedeutungen. Österreich war der deutsche Teil des ganzen Vielvölkerstaates, und nicht nur das! Es gab die Gemeinschaft mit dem Deutschen Reich und ein gewisses Zusammengehörigkeitsgefühl. Die Generation meiner Großeltern und meiner Eltern lebte mit diesem Gefühl. Unsere jetzige Sicht entspricht der heutigen Zeit, aber auf gar keinen Fall der Zeit von 1925 oder 1934. Das darf man doch nicht übersehen.

Wie ist es Ihnen dann nach '45 gegangen?

Nach dem Zusammenbruch? Mir ging es sehr gut, denn ich war bei einer Truppe unter englischem Oberkommando. Als im August das Potsdamer Abkommen getroffen wurde, begann unser Abtransport. Ein Teil unserer Truppe kam schon vorher nach Frankreich und wurde da ziemlich aufgerieben. Unsere Einheit blieb als Schutz für Norwegen und Finnland im Norden. Die Alliierten wußten bis zum Potsdamer Abkommen nicht, ob der Russe weitermarschiert und was der noch vorhat. Beim Abtransport trennte man uns von den Deutschen. Für uns war das ein Schock, denn schließlich waren es unsere Kameraden. Wir hatten viel zusammen durchgemacht, und es gab eine große Verbundenheit. Die guten Kontakte gibt es auch heute noch, das ist unter uns Soldaten ganz selbstverständlich. Wir treffen uns jedes Jahr. Das kann man nicht wegwischen.

Wir wurden nach Österreich abtransportiert. Ich gab eine Heimatadresse in Oberösterreich, in Linz, an. Wenn man eine Adresse in einer russischen Zone angab, konnte es passieren, daß man von den Russen gefangengenommen wurde. Das war Teil des Potsdamer Abkommens. Die Alliierten stimmten zu, die Kameraden, die von ihnen gefangen genommen wurden, an die Russen auszuliefern. Viele kamen um oder kehrten erst Jahre später nach Hause zurück.

Auf der Heimfahrt übernahmen uns die Amerikaner in Bremen. Das waren Drecksäue. Wir bekamen nichts zu essen, sie nahmen uns unsere Sachen weg, sie nahmen uns unsere Orden ab. Sie drückten uns ein paar Äpfel in die Hand und sperrten uns in Viehwaggons. So fuhren wir ohne Essen und ohne Wasser durch Deutschland nach Österreich. Es war ziemlich heiß damals. Als die Nachricht von der Kapitulation Japans kam, schossen sie mit ihren Gewehren wild in die Menge. Wir versuchten, die Verwundeten aus dem Waggon 'rauszukriegen. Endlich brachten uns die Amerikaner nach Salzburg. Dort standen wir endlos lange. Uns gegenüber standen Viehwaggons, vollgestopft mit Frauen und Kindern. Das waren Reichsdeutsche, die aus den luftgefährdeten Gebieten abtransportiert wurden. Sie durften einen Teil ihrer Habe mitnehmen und hatten auch einen Lebensmittelvorrat. Sie warfen uns Lebensmittel zu, obwohl sie selbst nicht wußten, wie es weitergeht.

In Oberösterreich wurde ich entlassen. In Linz erkundigte ich mich bei Verwandten nach meiner Mutter. Sie war in Urfahr. Das war in der russischen Zone. Ich ging zu einem Bekannten und lieh mir ein Arbeitsgewand. Ich lief an die Donau und sah dort einen Mann verdächtig herumgehen. Ich sprach ihn an. Er wollte auch hinüber, nach Hause ins Mühlviertel, aber auf der anderen

Seite waren die Russen. Wir fanden eine Eisentraverse, nahmen sie auf die Schulter und gingen zur Brücke. Wir kontrollierten das Brückengeländer und gingen mit unserer Eisentraverse von den Amerikanern hinüber zu den Russen. Die Russen ließen uns durch, wir gingen einfach vorbei. Wir stellten die Traverse ab und gingen nach Hause. Ich fand tatsächlich meine Mutter in Urfahr.

Als ich nach Graz fahren wollte, wurde ich dann doch einmal von den Russen aufgegriffen. Ich sah eben aus wie ein Soldat, vielleicht war das der Grund. Danach verließ ich die Eisenbahn und ging zu Fuß über die Rax in die Steiermark. Auf der Universität in Graz begannen gerade die Vorlesungen. Ich inskribierte sofort und traf dort einen Kameraden von der Marine. Er besorgte mir sofort ein Zimmer im Büro seines Vaters. Ich studierte drei Jahre in Graz.

Was haben Sie studiert?

Staatswissenschaft und Wirtschaft.

Was haben Sie danach beruflich gemacht?

Ich ging in die Industrie.

Wohin?

Ich war in Graz im Außenhandel und ging dann für ein paar Monate nach Südamerika. Zuerst wollte ich dableiben, aber es war nicht so toll in Argentinien. (lacht) Ich ging dann lieber zurück nach Hause. 1950 ging ich nach Wien zurück.

Blieben Sie dann in der Industrie?

Ja, ich bin in der Industrie geblieben.

War das nicht erschütternd? Sie sagten, daß dieses große Reich so schön war, und dann wurde es so ein kleines Österreich.

Ja, natürlich, alle Chancen und Möglichkeiten waren weg. Ich dachte, die Verhältnisse in Südamerika seien gut, aber das war nicht so. Man wurde auf der Straße überfallen und so. Es gab sehr viele Emigranten in Argentinien. Es gab sehr, sehr viele Juden in Buenos Aires.

Ach so.

Es gab sehr viele Juden. Die Wiener Juden hatten einen großen Kreis, das war ganz interessant. Ich hatte auch Kontakt zu den Leuten. Aber man war dort nicht zu Hause.

Aber jetzt waren endlich keine Juden mehr in Wien, da wollten Sie sicherlich ...

Mein Gott! Mich würden 100.000 Juden in Wien nicht stören, bestimmt nicht.

100.000? Na, viel mehr waren es damals auch nicht.

Naja ...

Heißt es doch ...

Dann waren es zu viele. Sagen wir 20.000, dann waren 80.000 zu viel.

Ein Film von Ruth Beckermann
JENSEITS
DES KRIEGES

Weißgekachelte Räume, Neonlicht; an den Wänden Schwarzweiß-photographien der Ausstellung VERNICHTUNGSKRIEG über die Verbrechen der Wehrmacht an der Ostfront. Vor diesem Hintergrund drehen Ruth Beckermann und Kameramann Peter Roehsler eine Anhörung ehemaliger Soldaten über ihre Erfahrungen und Erlebnisse jenseits des "normalen" Krieges. In einer Mischung aus Hilflosigkeit, Ohnmacht, Scham, Opportunismus und ungebrochenem Fanatismus berichten die Zeugen dieser Zeit von Verbrechen, wie den Erschießungen russischer Kriegsgefangener, der Ermordung der Juden und der Mißhandlung von Frauen. Die verschiedenen Versionen der Ereignisse zeigen, wie selektiv Wahrnehmung selbst im grausamsten Umfeld war.

Mit diesem Film wird nicht allein die Zerstörung des Mythos von der anständigen Wehrmacht vorangetrieben, sondern die Gründungsphase der zweiten Republik erhellt und eine Diagnose der Gegenwart gestellt. Die Bilder dieses Krieges in den "talking heads" - sie entstehen so eindringlich wie selten in historischen Dokumenten oder Spielszenen.

JENSEITS DES KRIEGES war allein 1997 von 18 internationalen Filmfestivals eingeladen, wurde mit mehreren Preisen ausgezeichnet und ist mittlerweile zu einem unübersehbaren Bestandteil in der Auseinandersetzung mit der Vergangenheit und zu einer beispielhaften Form filmischen Arbeitens geworden.

Kontaktadressen:

Videovertrieb für Deutschland/Schweiz:
    absolut MEDIEN GmbH, Rosenthaler Str. 38, D-10178 Berlin
    Tel: 030 / 285 39 870, Fax: 030 / 285 39 8726
    Bestellnr.: 244
    Preis: DM 49,80

Videovertrieb für Österreich:
    poly film video, Hörlgasse 4, A-1090 Wien
    Tel: 01 / 31 517 31-11, Fax: 01 / 31 517 32
    Preis: öS 349.-

Sonstige Informationen:
    Aichholzer Filmproduktion, A-1070 Wien, Mariahilferstraße 58
    Tel: 01 / 523 40 81, Fax: 01 / 526 34 58

Münch: „Sie haben die wesentlich leichtere Position. Sie sind ein Opfer.
Sie sind geschunden, geschlagen, getreten worden."
Ostermann: „Ja, aber Sie glauben doch nicht, daß mich dieses Gespräch
weniger berührt als Sie."

250 Seiten
15 Abbildungen
öS 248,-/DM 36,-

Hans Wilhelm Münch und Dagmar Ostermann waren beide in Auschwitz.
Er als Arzt des Hygieneinstituts, sie als inhaftierte Halbjüdin. Sie über-
lebte das Konzentrationslager wie durch ein Wunder. Er wurde in einem
Kriegsverbrecherprozeß freigesprochen.
Wieder und wieder fragt Dagmar Ostermann den ehemaligen KZ-Arzt, wie
er nach Auschwitz gekommen, und warum er dort geblieben sei, wie er
sich angesichts der gequälten Menschen, der Gaskammern und der Lei-
chenberge gefühlt habe.
Münch bricht seine Erklärungen oft ab. Er schweigt. Er ringt um das
Verständnis Dagmar Ostermanns.
Der Sprache des Begreifenwollens steht die Sprache des gehorsamen
Funktionierens unversöhnlich gegenüber.